家族と楽しむ季節のイベント

子どもに伝えたい歳時記ごはん

えとにママ

講談社

Prologue
はじめに

丁寧な暮らしに憧れる
11、9、7歳　3姉妹のお母さんの
ドタバタ生活での
ごはんの記録。

わが子に作る、 わが家のごはんをインスタグラムで綴っている、 えとにママと申します (@ etn.co_mam)。

偏食な次女に何とかごはんを食べさせようと、 興味を引くために毎食少しだけ手を加えてごはんを作るようになったのが、 今に至るきっかけです。

産後は3姉妹とも数ヵ月で仕事復帰し、保育園に通わせながら乳幼児期を育てました。

保育園では季節の行事、 食事、 唄や制作物に至るまで毎月毎年、 季節に関わるたくさんのことを教えていただきます。

その延長で、持ち帰った季節の制作物を飾り、唄を歌いながら、おうちでも歳時記ごはんを囲むようになりました。

子育てはとにかく忙しい。 悩みや心配も絶えず起こります。 残り物や買ったごはんを食べさせるだけでも精一杯。

そんな日々の連続ですが、 たまたま私はこんな作業が好きで、 楽しく、苦になりませんでした。

家庭での食育には様々な形がありますが、 決して無理をせず、 作る側、教える側が楽しんで伝えていくことが一番大切だと思っています。

いつものごはんは季節の食材を取り入れることで歳時記ごはんに変わります。 何より旬のものは安くておいしくて、 体によく、 心を育てます。

季節の旬の食材や行事の意味を知り、 語りながらいただくごはんはとても楽しく、 ありがたい気持ちにもなります。

ただし、 頑張って作ったごはんを思うように食べてくれないのが子ども達。食べてくれなくてもがっかりしない!!

無理をしない代わりに無理もさせない。 心にちょっと残るくらいでよし◎と思うようにしないと毎日ごはんなんて作っていられませんからね（笑）。

本書を手に取っていただいた方へ

調理師などの資格もない普通のお母さんがわが子に作ったごはんの本です。

お料理の嫌いなお母さんは絵本代わりに、 ごはん担当のお父さんはメモ代わりに、 子育てを終えられたおばあちゃまはお孫さんのおやつに、 給食担当の方は季節の献立の参考に……。

毎月のカレンダーには、 予定やメモをいっぱい書き込んだり、 折り目をつけたり、 シールやマスキングテープで飾り、 よれよれになるまで使っていただけたら嬉しいです。

えとにママ

Photo gallery

渡良瀬川のあるきれいな町で育ちました。
大好きなじいじ、ばあばと三姉妹。

今はパパの実家で6人暮らし。
じいじも元気でもりもり食べます。

次女のお食い初めで作った
初めてのデコごはん。
長女が食べました。

ママの誕生日は
子ども達の
手料理に手作りの
ギフト。
ケーキはお気に入り
のケーキ屋さんで。

自由すぎるえとにパパは
いつでもこんな感じです。

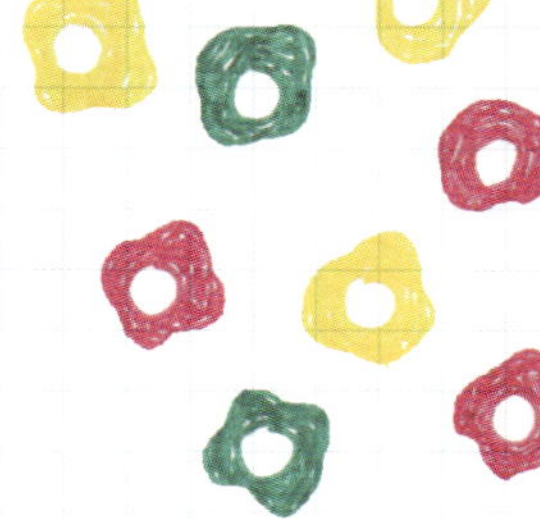

父の日にお友達とパパ弁を作りました。
ギフトも手作り！

クリスマスはお友達と
パンやケーキを作りました。

大好きなお友達との
キャンプ!!
外で食べるごはんは
最高です。

朝ごはんはトーストアートに
チャレンジ!!

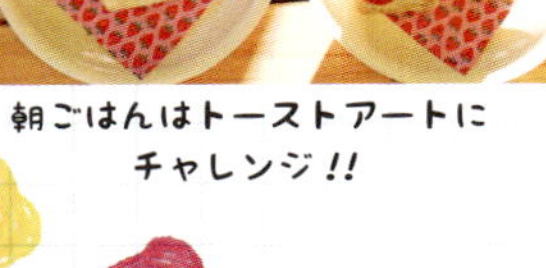

子育てはなかなかうまくいかず、
毎日怒ってばかりです。
たま〜にもらえる
嬉しいサプライズと
かわいい寝顔に支えられます。

Contents

各月おにぎりの顔について
＊旬おにぎりは、チーズ（白目）、黒ごま（目玉）、ピンクペッパー（鼻）、しば漬け（口）
＊お漬物おにぎりは、チーズ（白目）、黒ごま（目玉）、梅干し（鼻）、にんじんの浅漬け（口）

レシピの表記について
適　　量＝適切な量を加減して入れてください。
ひとつまみ＝親指と人差し指と中指で軽くつまんだ量。

計量の単位
1カップ=200cc（mℓ）、大さじ1=15cc（mℓ）、小さじ1=5cc（mℓ）

＊食材を洗う、皮をむく、へたや種、石づきを取るなど、下ごしらえの記載を省略している場合があります。

年

1

January

睦月
むつき

To Do List

- ☐
- ☐
- ☐
- ☐
- ☐

Monday	Tuesday	Wednesday
		国民の休日 1日 元日 第2月曜 成人の日

Thursday	Friday	Saturday	Sunday

二十四節気

5日頃 小寒 しょうかん
20日頃 大寒 だいかん

行事や風習

1日 お正月
7日 人日の節句 じんじつのせっく
11日 鏡開き
15日 小正月

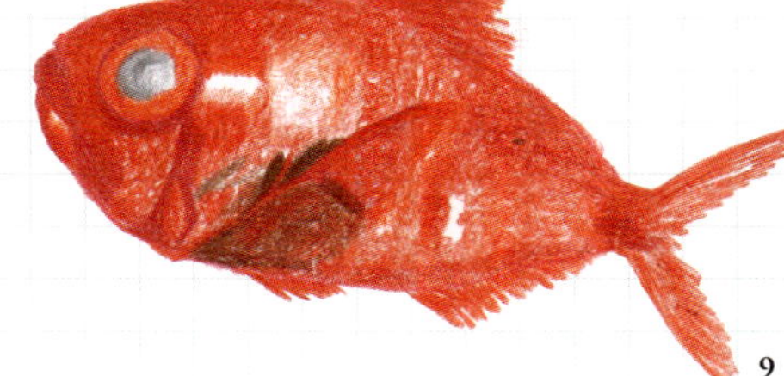

お正月 1.1 おしょうがつ

楽しさを伝えたい　子どもおせち

眺めて楽しい、食べてうれしい食材や盛りつけ、器使い……。
形にとらわれ過ぎず、楽しく伝統行事を伝えていくことも大切です。
市販のお惣菜などを取り入れ、食べやすいように少しずつ、
彩りよく盛るととても豪華に。作る側もワクワクします。

もくもく伊達巻 巻物=書物から学問や習い事の成就を願って。

材料(1本分)

A
- 卵 ―― 4個
- はんぺん ―― 1枚(110g)

A
- みりん・砂糖・薄口しょうゆ ― 各大さじ1

サラダ油 ―― 適量

作り方

1. A をミキサーまたはフードプロセッサーなどでなめらかになるまで撹拌する。

2. 卵焼き器にサラダ油を敷き、1を入れフタをして弱火で焼く。

3. 底面に焼き色がついたら、ラップを敷いた上に取り出す。

4. ラップで巻き、輪ゴムで数ヵ所留め、串を不均等に8本刺し冷ます。

5. 冷蔵庫で2時間ほど冷やし、お好みの厚さに切る。

優しい栗きんとん 黄金色から富を得る縁起物とされ、金運アップを願う。

材料(作りやすい分量)

- さつま芋 ―― 1本(250g)
- 栗の甘露煮 ―― 約10個
- 栗の甘露煮シロップ ―― 約2/3カップ

作り方

1. 蒸し器などでさつま芋を蒸す。

2. 1の皮をむき鍋に入れ、つぶしながらシロップを少しずつ入れる。

3. 6分ほど弱火で焦げないように、ツヤが出るまで鍋底を混ぜる。

4. ざるなどで裏ごしするとよりなめらかに。栗と和えて完成。

紅白かまぼこの飾り切り ※お団子が左右交互になるように盛りつけています。

赤は「魔よけ」、白は「清浄」を表す縁起物を結びかまぼこに。きゅうりの飾り切りを添えて。

材料(1切れ分)と作り方

1. かまぼこのピンク部分3/4を包丁で切る。

2. 縦に2本切れ目を入れる。

3. 三つ編みを作る。

4. お団子を作るようにくるりと回し、切り込みに押し込む。

市販のお餅でにこにこ鏡餅

お餅の頭にのせる橙(だいだい)の代わりにみかんの飴を。
補充用の飴を置き、食べたら自分で飾るのが決まりです。

材料（１台分）

- 切り餅――2個
- みかん飴――1個
- ミントの葉など――適量
- 黒ごま――2粒
- 片栗粉――適量
- スパゲッティ――1本
（飴が転がらないよう折って2本刺す）

1. 耐熱皿に餅を並べ水をひたひたに入れ、ラップをせず約４分レンチン。

2. 湯切りしてスプーンなどで餅をつく。

3. バットに片栗粉を広げ、餅を落とす。

4. 鼻のひとつまみと、残りを２つに分けて丸める。

※黒ごまで目、ストローに片栗粉をつけて深めに口の跡をつけ、飾りつけて完成。

もちもち子ども雑煮

わが家の雑煮はすまし仕立ての関東風です。
鶏だしの優しいすまし汁にたっぷりの野菜と焼き餅を。
子ども用には絹豆腐白玉(P70参照)で作った
かわいいお団子を浮かべて。

五節句

人日の節句

1.7

じんじつのせっく

子どももうれしい七草がゆ

おかゆが大好きな娘達の毎年のお楽しみ。
小さなスズナ、スズシロにお顔をつけて。
セリ、ナズナ、ゴギョウ、ハコベラ、スズナ、
スズシロの７種の菜をたっぷり入れた
優しいおかゆで無病息災を祈ります。

材料　※すべて白目はかまぼこ、黒目は黒ごま

子	ね	たたきごぼう　かまぼこ　かにかま　ごま
丑	うし	焼き里芋　ごぼう　かまぼこ　かにかま　ごま
寅	とら	栗の甘露煮　伊達巻(耳)　黒豆の皮　かまぼこ　ごま
卯	う	かまぼこ　かにかま　ごま　黒豆の皮
辰	たつ	炒めさやえんどう　かまぼこ　ごま
巳	み	炒めアスパラガス　枝豆(顔)　かまぼこ　かにかま　ごま　黒豆の皮
午	うま	焼きたけのこ　伊達巻(毛　耳)　かまぼこ　かにかま　ごま
未	ひつじ	焼き里芋　黒豆　伊達巻(ベル)　かまぼこ　ごま
申	さる	伊達巻　かにかま　かまぼこ　ごま　黒豆の皮
酉	とり	ゆで卵　かにかま　かまぼこ　ごま
戌	いぬ	栗の甘露煮　伊達巻(耳)　かまぼこ　かにかま　ごま　黒豆の皮
亥	い	蒸し里芋　かまぼこ　ごま

クッキー

絵馬クッキー

**願い事や願いが叶ったお礼をしながら
サクサクいただきます。
お顔をつけずに願い事を
チョコペンで書くのも楽しいです。**

材料（作りやすい分量）

無塩バター――100g
アーモンドパウダー
――90g
薄力粉――110g
紫芋パウダー―小さじ1
砂糖――50g
塩――ひとつまみ
卵――1/2個
水引（仕上げ用）

作り方

1. バターを電子レンジにかけ、指で押して跡が残るくらいの柔らかさにする。
2. 1に砂糖を入れ、ハンドミキサーか泡立て器で白っぽくなるまでしっかり混ぜる。
3. 2を混ぜながら溶いた卵を3回に分けて入れる。
4. 3にアーモンドパウダー、塩を入れ混ぜる。
5. ハンドミキサーをゴムベラに替え、ふるった薄力粉を3回に分けて入れ、さっくりと粉っぽさがなくなるまで混ぜる。ひとつかみ生地をよけ、ほっぺ用に紫芋パウダーを混ぜ、ピンクの生地を作る。
6. 5をラップで包み、30分以上冷蔵庫で休ませる。
7. 6をオーブンペーパーで包んで、めん棒で平らに伸ばす。
※水筒など硬い円柱形のもので伸ばしてもOK。
8. 生地が落ち着いたら、絵馬形に包丁で切る。
9. 半分に切ったストローで眉、目、口の跡をつけ、生地をしずく形に丸め鼻をつけ、紫芋パウダー生地を丸めてほっぺをつけ、紐を通す穴を開ける（写真A）。
10. 170℃のオーブンで約15分焼き、冷めたら水引を通す。

A

旬おにぎり

春菊の天ぷらと しば漬けのおにぎり

材料と作り方

塩おにぎりに、春菊の天ぷらに刻んだしば漬けを混ぜて握る。

海苔を巻いて白ごまをふる。

お漬物おにぎり

おでこに 鏡餅おにぎり

材料と作り方

おでこに鏡餅！　大根のべったら漬け、にんじんの浅漬けと小梅のおにぎり。

MEMO

年

2

February

如月
きさらぎ

To Do List

- [ ]
- [ ]
- [ ]
- [ ]
- [ ]

Monday	Tuesday	Wednesday
		国民の休日 11日　建国記念の日 23日　天皇誕生日

Thursday	Friday	Saturday	Sunday

2 . February

二十四節気

4日頃 立春 りっしゅん
19日頃 雨水 うすい

行事や風習

3日頃 節分 せつぶん
8日 針供養 はりくよう
11日 建国記念日（紀元節）

子鬼太鼓とカリカリカレービーンズの節分プレート

一年の無病息災を祈って毎年恵方巻きを作ります。
恵方巻きは七福神にちなみ、7種類の食材で作るとよいとされ、
その年の恵方を向いて無言で一気に食べると、
一年間幸せに過ごせると言われています。
手軽なふりかけなどを使って、鬼太鼓の太巻きに。
小さな黄鬼が見守るなか、一気に食べることができるかな？

鬼太鼓の太巻き

材料（中１本分）

ご飯 ―――――――――――― 茶碗2杯分
海苔 ―――――――――― 大判1枚／半判3枚

A
あおさ・ゆかり・おかか＋しょうゆ小さじ2
（それぞれしっかり色がつく量）

作り方

1. ご飯１杯分を３等分し、Aを和えて３色のご飯を作る。

2. 巻きすに半判１枚の海苔を置き、1を敷いて太鼓の模様を作る。
親指以外を底部に押しつけながら、４本の指を親指に引き寄せるイメージで。

3. 巻きすに大判の海苔を置き、残りのご飯（少し残す）を全体に敷き、手前に2を置く。３色の間にご飯を少し挟み、端からしっかりと巻いてラップに包む。包丁を濡らすと切りやすい。

ご機嫌すぎる鬼のナポリタン弁当

**とても豆をぶつける気になれないこの笑顔。
栄養満点のナポリタンはわが家の定番。
２月はこんな盛り方に（笑）！**

材料（１人分）と作り方（調味料は省略）

玉ねぎ —— 1/2個
ベーコン —— 2枚
ピーマン —— 1個
ウインナー（鼻） — 1本
ミニトマト —— 1個
ゆでうずら卵 — 1個と1/2
グリーンアスパラ（先端） — 2本
赤・黄パプリカ／海苔・オリーブ油 — 各適量

いつものナポリタンを作る。

鬼は外、福は内！

盛りつけ

1. トングまたは箸にナポリタンを巻きつける。

2. 鬼の口部分が空洞になるように器に盛る。

3. フライパンに残った具材は頭の部分に。ウインナーの両端を切って鼻のように置き、ミニトマトを1/2に切ってほっぺに置く。

4. うずら卵を半分に切って目の位置に、1/4に切って牙(きば)を置き、アスパラも角(つの)のように刺す。

5. 頭部にパルメザンチーズをかけ、うずら卵に海苔で黒目を作って貼る。

クッキー

みんなで作る アイスボックスクッキー

バレンタインの友チョコならぬ友クッキー。
まずは作りたい絵柄を紙に描き、
断面を想像しながら
細長いカラフルな生地を重ねていきます。
生地カットの瞬間、
歓声と拍手とで大騒ぎ!!

材料（クッキー生地1本分）

【プレーン生地】

バター ―― 100g
粉糖 ―― 100g
薄力粉 ―― 200g

【フレーバー生地】

バター ―― 200g
粉糖 ―― 200g
薄力粉 ―― 360g
ココアパウダー ― 10g
抹茶パウダー ―― 10g
紫芋パウダー ―― 10g
チョコチップ ―― 適量
（プレーン生地が余ったらチョコチップクッキーに）

※薄力粉+フレーバーがバターの約倍の量になるように３色の生地を作る。 P99 参照

準備

・バターは常温に戻して柔らかくしておく。
・薄力粉とそれぞれのフレーバーをふるっておく。

※クマクッキーの断面図は P112 参照

作り方

1. バターに粉糖を混ぜ、しっかり混ぜる。
2. 1 に薄力粉（薄力粉＋それぞれのフレーバー）も加え、ひとまとめにする。
3. 2 をラップで包み、生地が落ち着くまで冷蔵庫で休ませる。
4. プレーン生地を小さく丸め、その上に小さく丸めたココア生地をのせてクマの目を作る（写真 A）。
5. 一番外側になる生地を５mm 厚さに伸ばす。断面図になるよう、生地を重ねラップを使ってクルクルと巻く。重ねた生地の間に空洞ができないよう、生地と生地がしっかりつくよう意識しながら、縦横に押さえつけるよう成形し、最終的に焼き上がりの太さ、長さに整える。クマの耳はストローくらいの太さの棒を２本作り頭につける。
6. 冷凍庫で30分以上冷やして落ち着かせる。
7. 6 を７mm 厚さに切り、クマクッキーは顔と胴体をつけてオーブンシートを敷いた鉄板に並べ、別に作っておいた目をのせる（写真B）。
8. 170℃に予熱したオーブンで約 15 分焼く。

A

B

旬おにぎり

カリカリカレービーンズ おにぎり

材料と作り方

塩おにぎりにカリカリカレービーンズ（P18参照）をのせて一緒に握り、海苔を巻いて仕上げにパルメザンチーズをふる。

お漬物おにぎり

鬼のお面おにぎり

材料と作り方

節分の日のお弁当に。かにかまで顔、きゅうりで髪、たくわんで角（つの）。

MEMO

年

3

March

弥生
やよい

Monday	Tuesday	Wednesday
		国民の休日 20日頃　春分の日

To Do List

- □
- □
- □
- □
- □

Thursday	Friday	Saturday	Sunday

3. March

二十四節気

6日頃　啓蟄 けいちつ
20日頃　春分 しゅんぶん

行事や風習

3日　上巳の節句
じょうしのせっく
（雛祭り）

五節句

上巳の節句
（雛祭り）
3.3
じょうしの
せっく

お雛さまのスコップ押しずし

女の子の健やかな成長を願う雛祭り。
娘達は昔ながらの甘いちらしずしが苦手なので、
縁起のよいえびや蓮根を飾り、大好きないくらや
まぐろの中落ちをたっぷりのせた押しずしに。
大きなスプーンですくって取り分けます。

材料（4人分）

白米 — 2合
すし酢 — 60cc
まぐろの中落ち — 適量

A
- 卵焼き — 卵3個分
- 万能ねぎ — 適量
- ゆでうずら卵 — 4個
- ゆでスナップエンドウ — 10個
- 塩きゅうり — 1本
- ゆでむきえび — 適量

B
- さけの刺身 — 50g
- 黒ごま — 4粒
- 海苔 — 適量
- ゆでごぼう — 5cm
- スナップエンドウ — 1本
- 卵焼き — 1cm

C
- いくら — 適量
- 酢蓮根 — 4枚
- 木の芽 — 適量
- ラディッシュ飾り切り — 6個
- ゆでむきえび — 適量

作り方

1. すし飯を容器に詰め、軽く押して冷ます（写真A）。
2. Aを並べる（写真B）。
3. うずら卵をBで飾る。
4. Cとまぐろを盛る。

A

B

お雛さま丼にしても！

道明寺の雛祭り

もちもちのかわいい桜姫達がお祝いしてくれます。
市販の桜餅をアレンジしても。

材料（7個分）

A
- 道明寺粉 80g
- グラニュー糖 10g
- 食紅 極微量

熱湯 140cc
あずきあん（市販） 160g
桜の葉塩漬け 7枚
桜の花塩漬け 適量
あん 適量
黒ごま 14粒
白ごま 7粒

A

作り方

1. 耐熱容器にAを入れて混ぜ、熱湯を加えざっと混ぜる。ラップをして吸水させる。
2. 1にふんわりとラップをかけ直し、電子レンジで約2分加熱し、そのまま15分ほど蒸らす。
3. あんを7等分する。
4. 桜の葉の軸を切り水洗いする。花も水洗いし、約10分水につけて塩抜きし水けを取る。
5. 2のラップをはずして粘りが出るまで混ぜ、7等分してラップで包む（写真A）。
6. 5をあんが包めるように平たくし、中央にあんをのせて包む（写真B）。
7. 6を葉で包む（写真C、D、E）。
8. 黒ごま（目）、白ごま（鼻）をつけ、楊枝で中のあんが見えるくらいまでU字にくぼませ、口を作る（写真F）。
9. 胸元と頭に桜をのせる。

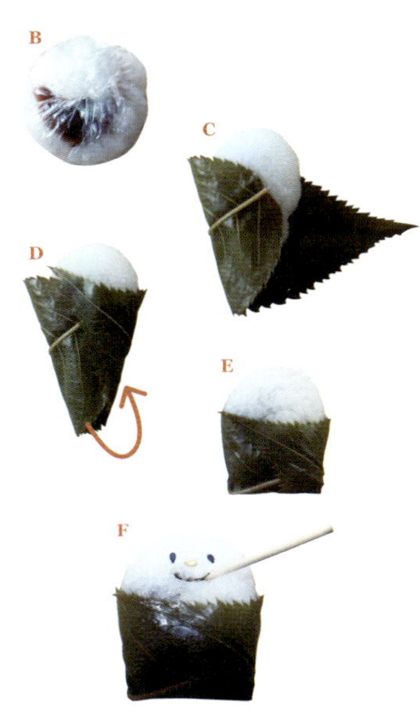

卒園遠足弁当

3姉妹合わせて10年間お預かりいただいた保育園生活最後の遠足弁当。
先生方からたくさんの事を学び、あふれんばかりの愛情を注がれて……。
娘への「卒園おめでとう」と、先生方への感謝の気持ちを
ぎゅうぎゅうに詰めたお弁当を作りました。

せんせい、ありがとうございました。
りっぱな1ねんせいになります。

材料（１人分）

ご飯――弁当箱の1/2
基本の鶏そぼろ――1人分
さけフレーク――大さじ2
にんじん（型抜きして、さっとゆで炒める）――10枚
ハム（型抜き・人形用）――2枚
ごぼう――5cm
ゆでスナップエンドウ――3本
炒めた丸いウインナー――2個
（顔×3　手×2）
卵焼き――卵2個分の2枚
海苔――2枚
ミニトマト――1/2個
スライスチーズ――適量
白ごま・黒ごま・かにかま――各適量

準備

ごぼうを基本の鶏そぼろ（下記参照）と一緒に柔らかくなるまで煮詰める。

娘の人形

黒目をあえて上方へ。上目づかいがかわいい。首も傾けて。

作り方

1. 材料を揃える。

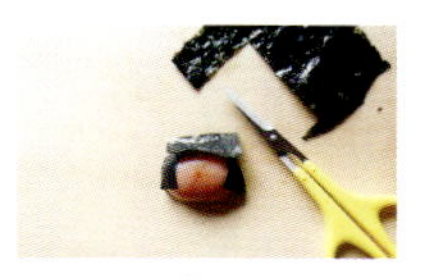

2. 1/2に切ったウインナーに海苔で髪をつける。

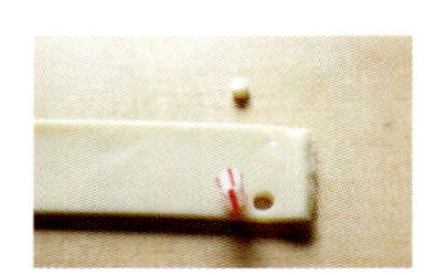

3. ストローでチーズを抜く。

4. ストローでハムを抜く。

5. パーツを準備する。

6. パーツをのせ、胴体を作る。
※先生の顔も同様

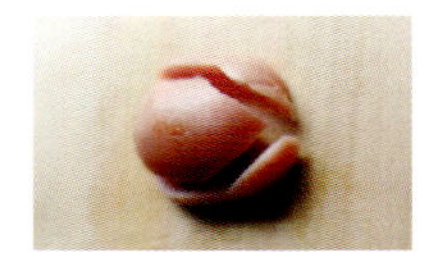

7. ウインナーにはさみを入れて手を作る。

基本の鶏そぼろ

材料（４人分）

長ねぎ――10cm
しょうが――1片
サラダ油――大さじ1/2
しょうゆ――大さじ1/2
A（混ぜ合わせる）
鶏ももひき肉――100g
砂糖――大さじ1
酒――大さじ2

作り方

1. 長ねぎとしょうがをみじん切りにする。
2. 鍋にサラダ油を熱し、1を中火で焦げないように炒める。
3. 2がしんなりしてきたらAを入れ、中火で2分炒め、酒大さじ１（分量外）を加え、強火で水分がなくなるまで炒め、しょうゆを加え、味をなじませる。

盛りつけ

1. 容器にご飯を詰め、基本のそぼろとさけフレークをのせる（写真B）。
2. 1の上ににんじん、ハム、ごぼう、スナップエンドウをのせる。
3. 卵焼き（先生の体）を置く。
4. パーツをつけた顔とミニトマトの体を置く。
5. にんじん（袖）、ウインナー（手）を置き、手をミニトマトに添える。
6. 黒目の向きなど表情をつけて完成。

B

3色のにこにこ雛クッキー

クッキー

雪の大地、木々の芽吹き、赤い命を表す3色の雛あられ。優しいお顔をつけたクッキーにしてみました。

材料

基本生地(プレーン・紫芋・抹茶)——P100参照

作り方

1. 3色の生地を両手でコロコロ丸め、オーブンシートを敷いた鉄板に並べる。

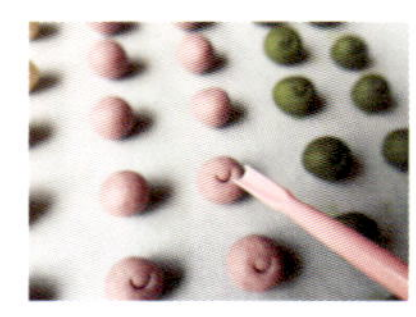

2. ヘラかストローで口を作る。

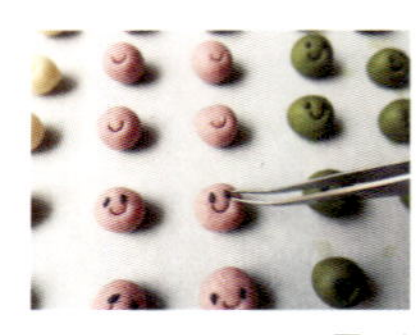

3. ピンセットで黒ごま(目)、白ごま(鼻)をしっかり生地に押し込む。

4. 170℃のオーブンで約10分、プレーンクッキーにおいしそうな焼き色がつくまで焼く。

旬おにぎり

にらと豚ひき肉のおにぎり

材料と作り方

1. ごま油でひき肉を炒め、粗みじん切りにしたにらを加え、塩、こしょうする。
2. ご飯に 1 を混ぜラップでしっかり握り、さらに 1 を盛り、再度握って白ごまをかけ海苔で巻く。

お漬物おにぎり

ピンクの新しょうがでおでこに桜おにぎり

材料と作り方

しょうがの漬物を花形に抜き、飾り切りをして黒ごまを中央に置く。

MEMO

年

4

April

卯月（うづき）

To Do List

- ☐
- ☐
- ☐
- ☐
- ☐

Monday	Tuesday	Wednesday
		国民の休日 29日　昭和の日

Thursday	Friday	Saturday	Sunday

4 . April

二十四節気

5日頃　清明 せいめい
20日頃　穀雨 こくう

行事や風習

8日　花祭り
はなまつり

13日　十三参り
じゅうさんまいり

日程は毎年異なる
イースター

旬の野菜

たけのこ

ひょっこりたけのこさんのたこペペロン

採れたてのたけのこの一番おいしいところを
一番おいしいうちにいただきます。
にんにくのきいたたこのペペロンチーノに
柔らかなたけのこが絶品です。

材料（1人分）

- スパゲッティ —— 80g
- 塩 —— 大さじ1
- オリーブオイル —— 適量
- にんにく（スライス） —— 2かけ分
- 唐辛子（小口切り） —— 適量
- バター —— 5g
- たこの刺身（一口大に切る） —— 足2本分
- 塩・こしょう —— 各適量
- ゆでたけのこ —— 適量
- ゆでスナップエンドウ —— 適量
- スライスチーズ（白目） —— 2個
- 黒ごま（黒目） —— 2粒
- 白ごま（鼻） —— 1粒
- 糸唐辛子（眉と口） —— 適量
- 木の芽 —— 1枚

準備

・穂先で飾り用のたけのこを作る。斜めに切り、残りは和える用に一口大に切る。
オリーブオイルで表面に焼き色がつくまで焼き、塩、こしょうする。

・ストローでチーズを丸く抜き、黒ごまをつけ（目）、白ごま（鼻）、糸唐辛子（眉と口）、唐辛子を小さく切ってほおにつける。

作り方

1. フライパンにオリーブオイルとにんにくを入れ、初めは強火、泡が出てきたら弱火にして、唐辛子とたこを入れて1分炒め、火を止め常温に戻して具材を取り出す。
2. ゆでたスパゲッティを湯切りして、お玉1杯のゆで汁とともに1に入れ、バター、具材、和える用のたけのこを加えて絡め、塩、こしょうで味を調える。くるくるっと皿に盛り、中央に飾り用のたけのこを差し込み、スナップエンドウ、木の芽を飾る。

むくだけ!! 子かぶさんともろみみそ

わが家の行きつけの店、「おみっちゃん」の定番メニューから。
つぶつぶ食感がおいしいまろやかみそをつけて食べる
心にも体にも優しいおやつです。
子どもは自分でつけて食べる作業が大好き!

材料（7個分）

かぶ（小）	7個
黒ごま（目）	14粒
糸唐辛子（口）	適量
押し麦	大さじ1
みそ	大さじ2
マヨネーズ	大さじ1

作り方

1. かぶは洗って茎を残して皮をむく。立たせたいときは底部をカット。

2. 底部のかぶを丸く抜き鼻に、黒ごまで目、糸唐辛子で口をつける。

3. 小鍋で押し麦を柔らかくなるまでゆで、水を切る。

4. みそ、マヨネーズ、3を和える。

旬の野菜
にんじん

にんじん家族のキャロットケーキ

大きなにんじんを丸ごと1本使った
クリームチーズたっぷりの栄養満点のキャロットケーキです。
葉っぱまで食べられる元気なにんじん一家の畑に見立てました。

くるみとレーズンを
たっぷり生地に入れても
おいしいですよ♪

＊写真はプレーン生地

材料（直径18cmケーキ型1台分）

A
- 卵――M2個
- きび砂糖――100g
- サラダ油――150cc
- にんじん――大1本

B
- 薄力粉――200g
- ベーキングパウダー――小さじ1
- シナモン――お好みの量
- オールスパイス・ジンジャー・ナツメグなど――お好みの量

【クリームチーズフロスティング】
- クリームチーズ–200g
- 粉糖――50g
- 生クリーム――大さじ2
- レモン汁――大さじ2強

- ローストアーモンド――適量
- 基本のクッキー生地――（P100参照）ににんじんパウダー、食紅各少量を混ぜたもの
- 黒ごま・ローズマリー――各適量

A

B

作り方

1. にんじんは皮をむいてすりおろす。
2. ボウルにAを入れ、ハンドミキサーか泡立て器でしっかりと混ぜ合わせる。
3. 2にBを入れ、ゴムベラでさっくりと混ぜ合わせる。
4. サラダ油を少量キッチンペーパに染み込ませ、型の内側をふいて3を流し入れる。
5. 180℃に予熱したオーブンで表面に亀裂が入るくらいまで、約50分焼く（写真A）。
6. 粗熱が取れたら型からはずして冷やす。
7. 6が完全に冷えたらフロスティングをのせ、ゴムベラで形を整える（写真B）。
8. 170℃に予熱したオーブンで約10分焼いたにんじんクッキーを植え、ローストアーモンドを散らす。

【クリームチーズフロスティングの作り方】

クリームチーズをハンドミキサーかゴムベラで柔らかくなるまで混ぜ、ほかの材料も加えて滑らかになるまで練る。

イースター
2020年は
4月12日
(毎年異なる)

イースターバニーのなめらかチョコプリン

キリスト教の生命のシンボル「卵」と豊穣や繁栄のシンボル「うさぎ」。
おなじみのイースターエッグのアレンジバージョンです。
卵パックにきちんと収まり、冷蔵庫の中でニコニコと出番を待っている
うさぎさん達の姿もとってもかわいい!

A

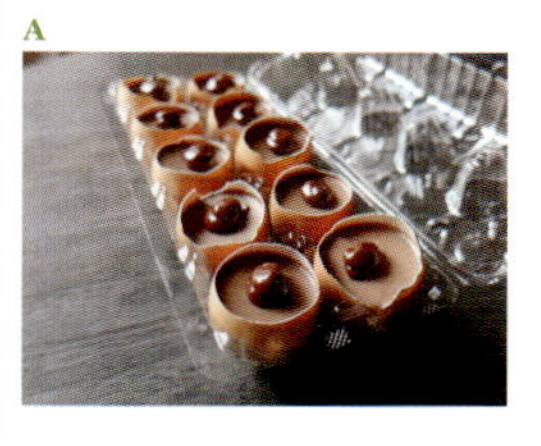

B

材料(10個分)

牛乳 ——— 400cc
粉ゼラチン ——— 8g
卵黄 ——— M1個分
ブラック板チョコ ——— 1枚(約65g)

【ガナッシュクリーム】
生クリーム ——— 30g
チョコレート ——— 50g

【うさぎクッキー】
基本のクッキー生地・ココア生地 — (P100参照)

準備(数日前から)

エッグシェルカッターで赤玉の殻を割り、中の薄皮をはがし水できれいに洗い、乾かしておく。

【ガナッシュクリームの作り方】

1. 生クリームを鍋に入れて沸騰直前まで温める。
2. チョコレートを砕きながら1に入れ、溶けるまでゴムベラでしっかりと混ぜて冷やす。

【うさぎクッキーの作り方】

1. 基本のクッキー生地でうさぎの形に成形し、ココア生地で目と鼻をつける。
2. 170℃に予熱したオーブンで約15分、おいしそうな焼き色がつくまで焼き、冷ましておく。

作り方

1. 牛乳の分量から大さじ3ほど小皿に取り、ゼラチンをふやかしておく。
2. 卵黄を混ぜ、残りの牛乳を入れてさらに混ぜる。
3. 2を弱火でゆっくり温め、ゴムベラで混ぜながらチョコレートを細かく砕きながら加える。
4. チョコレートが完全に溶けたら火を止め、1を加えて予熱で溶かし、一度こしてからぬれ布巾などの上で冷やしながら混ぜる。とろっとしてきたら、卵の殻に入れ冷蔵庫で冷やし固める。
5. 4の中央にガナッシュクリーム(写真A)、周りにホイップ(材料外)を絞り、うさぎのクッキーをのせ、アラザン(材料外)でデコレーションする(写真B)。
※帽子をかぶっているうさぎは、クッキーを焼く際、顔と耳を別に焼き、殻に湯煎したチョコレートで耳をつけて固め、ホイップを絞る。

赤ちゃんイモムシのサクサクウエハース

クッキー

市販のお菓子と体に優しい手作りクッキーでかわいいイモムシに組み立てました。米粉クッキーはきび糖のコクと甘味をしっかり感じられる大人にもおいしいクッキー。

Attention!
小麦粉を使ったクッキーに比べしっかりとした歯ごたえがあり、サイズも小さいので飲み込んでしまう可能性があります。小さいお子さんへ食べさせる前に、大人の方が必ずお試しいただき、丸めるサイズを調整したり、食べる前に砕くなど工夫をしてお召し上がりください。

材料（10個分）

マンナ（市販）―― 10本
おいり（市販）―― 適量
粉糖 ―― 適量
水 ―― 適量

【米粉クッキー】
米粉 ―― 25g
きび糖 ―― 10g
大豆油（サラダ油）―― 7g
牛乳（豆乳）―― 大さじ1と1/2
黒ごま ―― 20粒
白ごま ―― 10粒

※おいりは香川県伝統の餅菓子。

【米粉クッキーの作り方】

1. 米粉ときび糖をふるい、大豆油を加えて混ぜる。
2. 1に牛乳を入れて、粉っぽさがなくなり艶が出てくるまで混ぜる。
3. 両手で丸めて黒ごまで目、白ごまで鼻、U字のヘラかストローで口を作る。
4. 180℃に予熱したオーブンで約20分、おいしそうな焼き色がつくまで焼く。

【接着のりの作り方】

粉糖大さじ1に水適量を少しずつ混ぜ、楊枝で持ち上げた時、たらりと下に伸びるくらいで完成。

【イモムシの形に組み立てる】

マンナに接着のりをつけ、米粉クッキーとおいりを彩りよく並べ、のりが乾くまで待つ。

旬おにぎり

しらすとわかめのマヨおにぎり

材料と作り方

1. きゅうりを薄切りにして塩もみし、固く絞って水けを切る。
2. わかめとしらす、マヨネーズと和える。
3. 塩おにぎりにたっぷりのせ、ラップでしっかり握る。
4. お好みで七味や黒こしょうをかける。

お漬物おにぎり

ピカピカの新学期おにぎり

材料と作り方

大根のたくわんを帽子の形に切り、
にんじんの浅漬けでラインを入れる。

MEMO

年

5

May

皐月(さつき)

To Do List

- ☐
- ☐
- ☐
- ☐
- ☐

Monday	Tuesday	Wednesday
		国民の休日 3日　憲法記念日 4日　みどりの日 5日　子どもの日

Thursday	Friday	Saturday	Sunday

二十四節気

6日頃 立夏 りっか
21日頃 小満 しょうまん

行事や風習

2日頃 八十八夜 はちじゅうはちや
5日 端午の節句 たんごのせっく

材料

A
- きゅうり ――― 2本
- みょうが ――― 5個
- ラディッシュ ― 10個
- ゆでごぼう ―― 1本（鯉のぼりの柱用）
- ゆで蓮根 ――― 10枚

小なすの浅漬け（市販）――― 1袋

【漬け液】
- 塩 ――― 小さじ2強
- 細切り昆布 ――― 7g
- 輪切り唐辛子 ― 適量
- 砂糖 ― 大さじ2と1/2
- 酢 ―― 大さじ3と1/2

道具

ちゅーぼーず お弁当応援! 飾り切りナイフセット FG5190（貝印）
https://www.kai-group.com/store/products/detail/8352

作り方

【飾り切りをする】＊きゅうりで解説。切りくずは冷奴やサラダにのせて!!

A のごぼう以外を飾り切りする。小なすは変色しやすいので食べる直前に行う。

1. ３種のナイフを使い分けて飾り切りをする。

2. 丸い大きな目を作る。丸の大、小で切り込みを入れる。

3. 目の輪ができるよう、内側の小さな丸と大きな丸の周りをむく。

4. 顔を作る。

5. うろこを作る。

6. 大きな口を作る。

【野菜を漬ける】

1. 小なす以外を保存袋に入れ、塩を入れて優しくもみ込み、残りの材料を入れる。
2. バットなどに平らに置き、バットか皿をのせて重し（ペットボトル、ジャムのびんなど）をする。
3. 冷蔵庫で２時間以上漬ける。お皿も冷やしておくとよい。

五節句

端午の節句
5.5
たんごのせっく

鯉(こい)のぼり大家族の浅漬け

手軽な野菜にひと手間加えて、鯉のぼりの浅漬けを作りました。
外遊びの後に冷たくして出してあげると、一瞬でなくなります。
カリッポリッと元気に野菜をかじる音は、大人の私達も元気をもらえます!!

お手伝い大好き!!
いっぱいのっけて
鯉のぼりパイ

子ども達はこんな作業が
大好きです。
はじめは丁寧にバランスよく、
最後は素手でのせ放題!!
全部のせたらすぐ食べる（笑）。
子どもの日のプチイベントに☆

材料（2枚分）

冷凍パイシート ―― 3枚
卵黄 ―― 1個分（あれば）
おうちにあるフルーツ（缶詰でもOK）
チョコレート ―― 各適量
ミントの葉 ―― 適量

作り方

1. パイシートで鯉のぼりの形を作る（写真A・B）。うろこはなくてもOK。

A

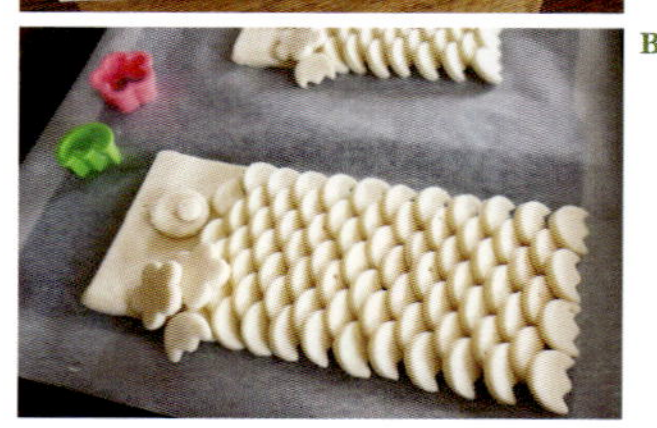

B

2. 表面に卵黄を塗って180℃に予熱したオーブンで約15分、おいしそうな焼き色がつくまで焼いて冷ましておく（写真C）。

C

3. 2が冷めたら、フルーツやチョコレートを好きなようにのせる。

ジャンジャン
のせて、
ジャンジャン
食べる!!

＊食パンやクラッカーの上にのせてもOK

柏餅3兄弟

ひとつ食べてもまだ2つも残ってる!!
そんなうれしい一口サイズの柏餅をお節句菓子に。
あんこもたっぷり、歓声が楽しみです。

材料(普通サイズ5個分)

上新粉	200g
砂糖	大さじ1
熱湯	200cc
ゆであずき(市販)	200g
柏の葉	5枚

A

準備

・柏の葉を洗い、キッチンペーパーなどで拭いておく。

作り方

1. 耐熱容器に上新粉と砂糖を入れ、熱湯を少しずつ入れながら混ぜる。
2. 1にラップをかけてレンジで4分間加熱し、濡らしたしゃもじなどでよくこねる。
3. 2に再度ラップをかけて約3分加熱し、濡らしたしゃもじなどで餅をつくようにペタンペタンとしっかりこねる。
4. 水で両手を濡らしながら、鼻15個と本体15個に分け、鼻は小さく丸め、本体は長めの楕円に伸ばす(写真A)。
5. 本体であんこを包み、鼻、黒ごま(分量外)で目をつけ、ストローで口に切り込みを入れる。顔をつける位置を端に寄せ、柏の葉で包む(写真B・C・D)。

B

C

D

絵／にこ

にこ画伯の切っても切っても鯉のぼりクッキー

小学1年生の末っ子、にこが鯉のぼりを描いてくれました。
なんともぼてっとしたかわいい鯉のぼりだったのでクッキーにしてみました。
焼き上がりを見たにこは「似てない」と不満げでした（苦笑）。

材料（作りやすい分量）

【プレーン生地】
プレーン生地 ―― 適量
フレーバー生地（ココア、紫芋、かぼちゃ）―― 各適量
＊基本のアイスボックスクッキー（P98）参照
竹炭・食用色素の赤・青・黒ごま ―― 各少量

作り方

1. 切った時にどこにどんな色や形が出るかを考えながら、生地を重ねていく。
2. 最後はプレーン生地で全体を巻き、顔側を平らに、尾側にくぼみを入れる。
3. 生地同士の間に空洞ができないよう意識しながら、縦横押しつけながら整える。
4. 最後は仕上がりの大きさになるように棒状に整え、冷凍庫で30分冷やし、7mm幅に切る。
5. U字のヘラでうろこの模様を入れる。
6. 170℃に予熱したオーブンで約15分、おいしそうな焼き色がつくまで焼く（写真A）。

※クッキーの断面図はP113参照

A

焼く前の状態

旬おにぎり

たけのこと春雨の中華炒めおにぎり

材料と作り方

にんにくのみじん切りと豚ひき肉とたけのこ適量をごま油で炒め、戻した春雨と水を加え、酒大さじ 1 、しょうゆ大さじ 1/2、砂糖小さじ 1、中華だし小さじ 1/2 で煮詰めたもの。

ご飯に混ぜて握り、トッピングにも使用。糸唐辛子を添えて。

お漬物おにぎり

おでこに鯉のぼりおにぎり

材料

なすの浅漬け（目もなす）
大根漬物

MEMO

年

6

June

水無月
みなづき

To Do List

- ☐
- ☐
- ☐
- ☐
- ☐

Monday	Tuesday	Wednesday

Thursday	Friday	Saturday	Sunday

6 . June

二十四節気

6日頃 芒種 ぼうしゅ
21日頃 夏至 げし

行事や風習

1日 衣替え ころもがえ
11日頃 入梅 にゅうばい
16日 嘉祥の日 かじょうのひ（和菓子の日）
30日 夏越しの祓 なごしのはらえ

あ〜した元気にしておくれ〜♪ もちもちてるてる餃子

ちょっと余裕がある時は皮から手作りし、あんも毎回変えています。
梅雨時期の6月は、しょうがと長ねぎがたっぷりのさっぱりあん。
手作りの皮はとにかくもちもちでおいしい上に、皮が破れにくいため、
好みの形に成形、型押しもでき、作る楽しみもいっぱいです。

材料（30個分）

A

- 薄力粉 ―― 120g
- 強力粉 ―― 120g
- 塩 ―― 小さじ1/2
- 熱湯 ―― 160cc
- 片栗粉（打ち粉）―― 適量

B

- 豚ひき肉 ―― 200g
- 塩、こしょう ―― 各適量
- 中華だし ―― 大さじ1/2
- 酒 ―― 大さじ1
- ごま油 ―― 大さじ1

- 白菜 ―― 1/8個
- 長ねぎのみじん切り ―― 1本分
- しょうがのみじん切り ―― 1片分
- 黒ごま（目）―― 適量

作り方

【餃子の皮を作る】

1. ボウルにAの薄力粉　強力粉　塩をふるいながら入れる。
2. 1に熱湯を少しずつ菜箸で混ぜながら入れ、手でまとめて粉っぽさがなくなってから、5分以上弾力が出るまで力強くこねて丸くまとめる（右ページ写真A）。
3. 2にぬれ布巾をかけて、1時間以上常温で寝かせる（写真B）。

【あんを作る】

4. 白菜を丸ごと30秒ほど湯通しし、1枚ずつ水けを取り、みじん切りにして水けを絞る。
5. Bとしっかり混ぜ合わせる（写真C）。

【皮を仕上げる】

6. 3をさらに艶が出るまで10分ほどこねる（写真D）。
7. 鼻の分の生地をひとつかみ除き、残りの生地を2等分し太さ4cmくらいの棒状にし15等分に切る（写真E）。
8. 台全面に片栗粉を敷き、手で潰しながら伸ばし、めん棒かローラー、円柱状の物で約10cmに伸ばす（写真F）。

【あんを包む】

9. 皮であんを包み、縁を指でしっかり押さえ、上下の皮を同時につまみながら中央に向かってたぐり寄せる（写真G）。

10. 両手の親指と人差し指でてるてる坊主の首をきゅっと絞めて、あごをひくように頭を正面に向かせる。

11. 7で除いた生地を小さく丸めた鼻、黒ごまに水をつけた目を落ちないようにしっかりつけ、U字のヘラで口の跡をつける（写真H）。

【餃子を調理する】

好みの調理法（焼く、蒸す、ゆでる）で加熱する。

Attention!

市販の皮に比べ皮が厚いので、倍以上の時間をかけて加熱しないと粉っぽさが残ります。慣れるまでは、確認のために試食するとよいでしょう。

Memo

お好みでラー油をてるてる坊主の口に垂らすと、血色がよくなりかわいくなります。

A

B

C

D

E

F

G

H

写真上）ゆで餃子
写真左）蒸し餃子
写真右）焼き餃子

卵焼きでかたつむり

梅雨の長雨も楽しくなるサプライズ。
ウインナーは炒める前に切ることで
反り返り、かたつむりらしさが増します。
6月のお弁当、おかずに添えてもかわいい！

材料と作り方

1. ウインナー5本は斜めに切ってから炒める。ゆでたグリーンピースも軽く炒める。
2. 卵焼き器に油を敷いて溶き卵2個分の1/3を流し、広げたかにかま、青ねぎ適量を置き手前から巻く（写真A）。奥まで巻き終わったら手前に寄せ、残りの2/3を流して巻く。
3. 巻きすで巻いて冷まし、ウインナーの幅の厚さに切る。
4. 1のウインナーにスパゲッティ（乾物）を2本刺して3を通し、楊枝を刺し、グリーンピース（目）と黒ごま（黒目）をつけ、U字のヘラで口の跡をつける（写真B・C）。

A

B

C

ぴっちぴっち ちゃっぷちゃっぷ ピクルスジャー♪

いろいろな型で抜くとかわいい!!
眺めて楽し～い、食べておいし～い！
ピクルス液に漬けたら
冷蔵庫で一晩以上寝かせます。
切りくずはサラダに!!

材料（保存びん1本分）

★ゆでる

- 赤・黄・オレンジパプリカ ―― 各1/6個★
- グリーンアスパラ ―― 5本★
- カリフラワー ―― 1/4個★
- 大根の輪切り ―― 5枚
- 黒ごま（目）―― 10粒
- 白ごま（鼻）―― 5粒
- 輪切り唐辛子 1/2-5個
- きゅうり ―― 1本
- ラディッシュ ―― 4個
- ホワイトマッシュルーム ―― 4個

【ピクルス液】
＊材料を沸騰させて、冷ましておく。

- 酢 ―― 2カップ
- 水 ―― 1カップ
- 砂糖 ―― 1/2カップ
- 塩 ―― 大さじ2
- 唐辛子 ―― 1本
- ローリエ ―― 2枚

たこ型で抜き、首のくびれに△の切り込みを入れる。穴を開け、黒ごま（目）、白ごま（鼻）、切り込みを入れて唐辛子（口）。

ラディッシュは傘の柄に飾り切りする。

黄パプリカは長靴の形に切る。

きゅうりは乱切りにし、葉っぱの形に飾り切りする。

旬の果物
梅

今年も梅仕事

梅仕事は今年で２年目の新人です。
作業自体とても単純で簡単。小学生の子ども達にもできます。
梅仕事で一番大切なことは、ゆっくりと丁寧に、穏やかな気持ちで行うこと。
忙しい毎日ですが、穏やかな気持ちで子ども達と一緒に取り組む梅仕事。

材料と作り方（３L保存びん１本分）

＊梅１kgに氷砂糖１kgが基本

1. 保存びんをアルコール消毒する。
2. ボウルに梅を入れ、一つ一つ素手で優しく洗う。
3. あく抜きをするのは若い青梅のみで、黄味がかったものはそのまま使う。
4. 水洗い（あく抜き）が終わったらザルに上げて、一つ一つキッチンペーパーなどで、しっかり完全に水分を拭き取る（写真A）。
5. 竹串など先端がとがったもので、実を傷つけないように気をつけておへそを取り除く。くぼみに水が入るので洗って拭いてから行う（写真B）。
6. びんに梅と氷砂糖を交互に入れ作業は完了。梅酒にする時は、ここに好みのお酒を入れる。
7. 自分で作った瓶にマスキングテープやシールをつける （写真C）。
8. 溶けた水分がいきわたるように毎日びんを回し、２～３週間で梅シロップが完成。

A

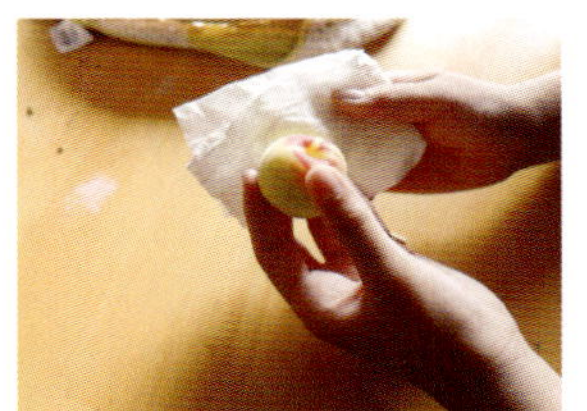

B

C

クッキー

「ぱぱだいすき♡」チョコレートブラウニー＆パパの似顔絵クッキー

素敵なママさんパティシエ AKANE さん @ patisserie.akane 伝授のチョコレートブラウニー（作り方は P104 参照）。娘のにこが描いたパパの似顔絵クッキーをのせ、父の日のプレゼントにしました。

材料（１枚分）

無塩バター	50g	紫芋パウダー	小さじ1/4
アーモンドパウダー	20g	砂糖	30g
薄力粉	55g	塩	ひとつまみ
ココアパウダー	小さじ2	卵	1/4個

クッキーの作り方

1. バターを電子レンジにかけ、指で押して跡が残るくらいの柔らかさにする。
2. 1 に砂糖を入れ、ハンドミキサーか泡立て器で白っぽくなるまでしっかり混ぜる。
3. 2 を混ぜながら溶いた卵を入れる。
4. 3 にアーモンドパウダー、塩を入れ混ぜる。
5. ハンドミキサーをゴムベラに替え、振るった薄力粉を３回に分けて入れ、さっくりと混ぜる。
6. 5 のバター生地から髪、眉、黒目の分を取り、ココアパウダーを入れてさっくり混ぜる。口になる分を取り、紫芋パウダーを粉っぽさがなくなるまで混ぜる。
7. 6 をラップで包み、30 以上冷蔵庫で休ませる。
8. クッキングシートに似顔絵を写す。
9. シートを裏返しにして、7 の生地を上にのせて形を作っていく。
10. 180℃のオーブンで 15~20 分焼き、焼き色がついたら完成。

旬おにぎり

いぶりがっことスモークチーズの大葉おにぎり

材料と作り方

いぶりがっこ２枚を刻み、塩おにぎりの中に入れしっかり握る。その上にスモークチーズ２個をのせ、トースターで２分焼く。大葉１枚と海苔で巻いたら完成です。

お漬物おにぎり

おでこにカエルおにぎり

材料

きゅうりの浅漬け
黒ごま（目）
白ごま（鼻の穴）
梅干し（口）
新しょうが（ほっぺ）

MEMO

6. June

年

7

July

文月
ふみづき

To Do List

- ☐
- ☐
- ☐
- ☐
- ☐

Monday	Tuesday	Wednesday

国民の休日

第3月曜 海の日
（2020年は23日）

24日 スポーツの日
（2020年のみ）

Thursday	Friday	Saturday	Sunday

二十四節気

7日頃　小暑 しょうしょ
23日頃　大暑 たいしょ

行事や風習

1日　山開き
2日頃　半夏生 はんげしょう
(田植えを済ませる時期)
7日　七夕 たなばた
(七夕の節句)
15日　中元

20日頃　夏の土用入り
(立秋前までの18日間)

七夕
7.7
たなばた

願いを込めて　彦星と織姫の七夕そうめん

毎年、ゆううつな梅雨を忘れさせてくれる素敵な行事が七夕です。
小さな彦星と織姫を囲み、願い事を思い浮かべながら、
つるつるっと家族でいただく冷たいおそうめんは、
まもなくやってくる真夏の大暑を元気に迎える活力になります。

材料（3人分）

そうめん	2束
三つ葉	1/2束
グリーンアスパラ	7本
黄パプリカ	1/4個
ミニトマト	5個
ラディッシュ	3個
きゅうり	6cm
かにかま	1本
ゆでうずら卵	2個
ゆで大豆	2粒
海苔	1枚
黒ごま	4粒
白ごま	2粒
糸唐辛子	適量
笹の葉	3枚（飾り用）
めんつゆ	適量
パスタ	1本

A

B

作り方

1. アスパラの根元から短冊の形に切り、穴を開けて（写真A）ゆでる。
2. 三つ葉を10秒程ゆで、2の穴に通してから縛って短冊にする（写真B）。
3. 【胴体を作る】きゅうりを3cmの円柱に切り、着物の合わせのようにY字に飾り切りする。
4. かにかまを開き、赤い部分を表に織姫に巻く。
5. 【頭を作る】うずら卵を横にし、胴体と密着しやすいよう下部を平らに切る。
6. ゆで大豆を頭にのせ、海苔をかぶせて髪を作る。黒ごまで目、白ごまで鼻、糸唐辛子で口をつける。
7. 胴体にパスタを刺し頭をつけ、星をつける。
8. そうめんをゆでて大皿に盛り、すべてを飾る。

土用の丑の日
7.20頃
どようのうしのひ

小骨嫌いな子ども達へふっくらうなぎ丼

子どもは骨が気になるようでなかなか食べてくれません。
贅沢品ですが、栄養満点のおいしいうなぎを食べさせてあげたい！
うずらの卵や野菜を添えて、おうちごはんならではの
かわいらしさを演出してあげます。

材料（１人分）

うなぎのかば焼き	1/2枚
ご飯	茶碗1杯弱
うなぎのたれ	大さじ1
水	大さじ3
酒	大さじ2
白いりごま	大さじ1/2
きゅうり	5cm
ラディッシュ	1個
ゆでうずら卵	1個
海苔	1枚
塩	適量
黒ごま（目）	2粒

A

B

作り方

1. うずら卵を海苔で飾り、きゅうりとラディッシュを飾り切りにし、塩もみして冷やす。
2. うなぎの厚みのある部分は一口大、端の小骨が気になる部分は約１cm に刻む。
3. 鍋に水を入れて沸かし、2 を入れる。
4. 水分がなくなってきたら酒を入れ、ひと煮立ちしたら一口大のうなぎを取り出す。うなぎのたれと白ごまを入れ、細かく刻んだうなぎが焦げないように炒める（写真 A）。
5. 4 をご飯と混ぜて（写真 B）茶碗に盛り、一口大のうなぎと 1 を飾る。黒ごまをつける。

カリカリやどかりのあつあつウインナー

夏はビニールプールを庭に出し、子ども達は一日に何度も入ります。
冷たいプールは体が冷えるので、休憩時はアイスなどの冷たいものより、
塩けのきいた揚げたてのポテトや、
少し食べごたえのあるこんなおやつがうれしいみたいです。

材料（10個分）

ウインナー ——— 5本
餃子の皮 ——— 5枚
スライスチーズ — 1枚
黒ごま ——— 20粒
揚げ油 ——— 適量

作り方

1. 餃子の皮を半分に切る。
2. ウインナーを斜め半分に切り、足の切り込みを入れる。
3. 細いストローでチーズを丸く抜き、黒ごまをつけて目を作る。
4. 2に1を巻き、巻き終わり部分を水で止め、揚げ焼きにする（写真A・B）。
5. 4に3の目をつけて完成（写真C）。

A

B

C

フレッシュブルーベリーのお魚チーズケーキ

わが家の簡単チーズケーキレシピ。
あら、お魚さんが泳いでいるよう。
新鮮なブルーベリーをいっぱいのせました。

材料（直径15cmケーキ型１台分）

グラハムビスケット 100g
無塩バター ―― 50g

A
- クリームチーズ 200g
- 砂糖 ―― 1/2カップ
- 生クリーム ―― 1カップ
- 薄力粉 ―― 大さじ3
- 卵 ―― 2個
- レモン絞り汁 ―― 大さじ3

【飾り用】
ブルーベリー ―― 1パック
ホイップクリーム
（生クリーム　1カップ／砂糖 1/3カップ）

作り方

1. ビスケットを細かく砕き、溶かしバターと混ぜ型に敷き詰め、冷蔵庫で落ち着かせる。
2. Aをミキサーで混ぜ合わせ、1に流し込む。
3. 170℃に予熱したオーブンで約45分焼く（写真）。
4. 粗熱を取り冷蔵庫で冷やし、飾りつけをする。

サイダープールの金魚ゼリー

スイカの果肉を魚型で抜き、
サイダーで作ったゼリーに浮かべた
涼しげな夏ゼリー。

材料（ゼリー型５個分）

サイダー ―― カップ3
砂糖 ―― 大さじ2
粉ゼラチン ―― 5g
水 ―― 大さじ2
スイカ ―― 適量
ミントの葉 ―― 5枚

作り方

1. スイカの黒い種が目になるように（食べないように注意）、魚型で抜く（写真）。
2. サイダーに砂糖を入れて溶かす。
3. 耐熱容器に水とゼラチンを入れ、電子レンジで20秒加熱してふやかす。
4. 2に3を加えてよく混ぜる。
5. 4を器に入れ、スイカとミントの葉を入れて冷蔵庫で冷やし固める。

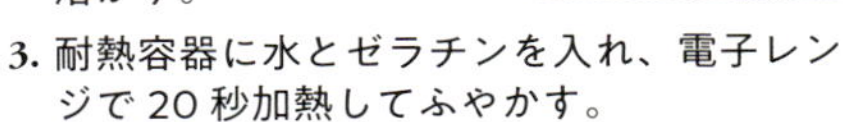

クッキー

蚊取り線香クッキー

**もしも、蚊取り線香が
お抹茶のクッキーだったら食べてみたい！
と短冊には書けなかった夢を
自分で叶えてみました（笑）。**

材料と作り方

1. 抹茶クッキー生地（P101参照）をオーブンペーパーで包み、平らに伸ばす**（写真A）**。水筒など硬い円柱のもので代用可。
2. 蚊取り線香幅に切る**（写真B）**。
3. くるりと丸めて、170℃のオーブンで10分焼く**（写真C）**。
4. 仕上げに溶かしたホワイトチョコレートを灰に見立てかけたら完成。

A

B

C

ちぎりパン

3兄弟のとうもろこしパン

**基本のパン生地（P102参照）に
かぼちゃとほうれんそうのパウダーで
色づけしています。
皮のふちにけしの実をつけて焼き、
焼き上がりにチョコレートで目を
つけました。**

材料と作り方

1. ホームベーカリー（以下HB）で一次発酵を終えたほうれんそう生地、かぼちゃ生地のガス抜きをして、楕円と小さな丸を作り、とうもろこし形に成形する**（写真A）**。
2. 耐熱容器に入れて、二次発酵させる**（写真Bは発酵後）**。
3. ほうれんそう生地にけしの実をつけ、180℃に予熱したオーブンで約10分焼く。
4. 粗熱が取れたらチョコレートで目をつけ、口に切り込みを入れて完成。

A

B

焼きとうもろこしの焼きおにぎり

材料と作り方

1. 俵形のおにぎりにゆでたとうもろこしを切ってのせ、ラップに包み硬めに握り、両面にしょうゆを塗る。
2. フライパンにバターを薄く敷き、両面に焼き色がつくまで香ばしく焼く。
3. 焼き上がりにとうもろこしの皮を巻き、皮がしっくりなじむまで予熱のフライパンで温める。

お漬物おにぎり

おでこにみんみん蝉(ぜみ)おにぎり

材料と作り方

きゅうりのお漬物を３枚重ね、目はチーズと黒ごま、鼻は梅干しで。

MEMO

年

8

August

葉月
はづき

Monday	Tuesday	Wednesday
		国民の休日 11日 山の日 （2020年は10日）

To Do List

- ☐
- ☐
- ☐
- ☐
- ☐

Thursday	Friday	Saturday	Sunday

二十四節気

8日頃　立秋 りっしゅう
23日頃　処暑 しょしょ

行事や風習

1日　八朔 はっさく
13日～16日　お盆 おぼん（盂蘭盆会 うらぼんえ）
24日　地蔵盆 じぞうぼん

楽しく、涼しく！
夏休み

お魚あられの冷たいだし茶漬け

朝から溶けるような日差しが差し込む８月。
キンキンに冷えたうまみたっぷりのおだしでご飯をサラサラッ。
カリカリの梅やしば漬け、焼き立てのかわいいお魚のあられを浮かべて。
朝から何杯でも入ってしまいます。

材料（子ども茶碗３杯分）

スライス餅（市販）――5枚
ご飯――小茶碗3杯分
だし――適量

A
しば漬け・カリカリ梅・青ねぎ――各適量

【だし】
水――1L
昆布――10g
かつお節――10g

作り方

【冷たいだしを作る】

1. 鍋に水を入れ、昆布を入れて１時間以上置く。
2. 1を沸かし中火で約10分、昆布が柔らかくなるまで沸騰しないよう温め、昆布を取り出す。
3. 強火にして沸騰したら火を止め、かつお節を入れて弱火で５分ほど煮る。
4. ざるにキッチンペーパーを敷き、3を流し入れてこす。冷蔵庫で冷やす。

【トッピングと盛りつけ】

1. 餅を魚の型で抜き、トースターでぷっくり焼く（写真A）。
   ＊抜いた残りはトースターで焼き、おやつにどうぞ。
2. 茶碗にご飯を盛り、Aを刻んでのせる。氷をのせて冷たいだしをかけ、食べる直前に1をのせる。
   ＊ご飯は冷水で洗うとさらに食感がよくなる。

A

パンダ籠包（ロンポウ）の中華弁当

冷凍の中華総菜を使って、
子ども用の中華弁当を作りました。
なるとの代わりに
市販のキャラクターかまぼこなどを
使ってもかわいい！
冷凍食品やB級メニューでも、
お顔をつけたり、器を工夫するだけで、
ちょっとしたおもてなしごはんに。

材料（3人分）

【オムチャーハン】

卵 ―― L1個
なると ―― 3枚
チャーハン ―― 茶碗3杯分

冷凍小籠包 ―― 3個
冷凍餃子 ―― 3個
冷凍肉団子 ―― 3個
青椒肉絲 ―― 3皿分

【パンダの顔】

海苔 ―― 適量
スライスチーズ（ストローで抜いて白目） ―― 適量
ピンクペッパー（鼻） ―― 3粒
糸唐辛子（口） ―― 1本
黒ごま（黒目） ―― 6粒

準備

・チャーハンと青椒肉絲を作っておく（市販でもOK）。

作り方

【オムチャーハンを作る】

1. フライパンに油（分量外）を入れ、なるとをフライパンにしっかり押しつけるように並べる（写真A）。
2. 溶き卵を流し入れ蓋をし、弱火で表面に火が通ったら卵をまな板に移して冷ます（写真B）。
3. 2のなるとがおにぎりの上にくるよう、薄焼き卵を切り取る。
4. ラップに3を置き、チャーハンをのせてラップごと包み、そのままなじませる（写真C・D）。

【盛りつけ】

器にオムチャーハン・チャーハンおにぎり、餃子、肉団子、青椒肉絲を詰める。レンゲに小籠包をのせてパンダの顔をつける。

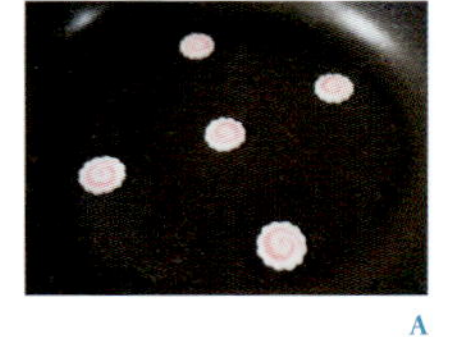
A

B

C

D

クッキー

夏祭りのちょこっとバナナさんクッキー

**まわりはザクザク、中はしっとり、
小麦粉、砂糖不使用の
オートミールクッキーが
小さなカラフルチョコバナナさん達に。**

材料と作り方

1. バター100gを電子レンジで溶かし、アーモンドパウダー70g、オートミール100gを入れ、バナナ1本はフォークで潰しながら混ぜる。
2. 1をバナナの形に成形し、オーブンペーパーを敷いた鉄板に並べる（写真A）。
3. 180℃に予熱したオーブンで約20分、しっかりとした焼き色をつける。
4. すぐに楊枝を刺して冷ます（写真B）。
5. チョコレートを湯煎で溶かし、クッキーを縦に持ってスプーンで垂れるようにかける。
6. ピスタチオやアラザンをつけ、チョコレートで顔を描き、冷蔵庫で冷やし固める。

A

B

カブトムシパン

**基本のパン生地（P102参照）に
ほうれんそうとココアのパウダーで
色づけしています。
葉から食べるか、お尻から食べる？**

材料と作り方

1. HBで一次発酵を終えたほうれんそう生地のガス抜きをして丸め、葉の形になるように両端をつまみ、はさみで葉の模様の切り込みを入れる。
2. HBで一次発酵を終えたココア生地のガス抜きをして6分割して5個を丸め、T字に切りカブトムシの頭と両羽を作り、3つをまとめる。6分割した残りの1個で角を作る。
3. 2を耐熱容器に入れ、カブトムシ間に1を詰め、霧吹きをして二次発酵させる（写真Aは発酵後）。
4. 180℃に予熱したオーブンで約15分焼く。
5. 粗熱が取れたらチョコレートで目をつけて完成。

A

旬おにぎり

青椒（チンジャオ）アスパラのおにぎり

材料と作り方

1. フライパンにごま油を入れ、にんにく・しょうが・長ねぎのみじん切り、牛ひき肉を炒める。切ったパプリカとアスパラ、**A** を加えて炒める。

A

オイスターソース——小さじ1	酒——小さじ1
塩･こしょう-各適量	しょうゆ—小さじ1

2. ご飯にひき肉を混ぜ込みしっかり握る。ひき肉、パプリカ、アスパラをのせ海苔で巻く。

お漬物おにぎり

水泳帽おにぎり

材料と作り方

新しょうが漬けの水泳帽に、なすのお漬物（海苔でも OK）のゴーグルをつける。

MEMO

年

9

September

長月
ながつき

To Do List

- ☐
- ☐
- ☐
- ☐
- ☐

Monday	Tuesday	Wednesday
		国民の休日 **第3月曜** 敬老の日 **22日頃** 秋分の日

Thursday	Friday	Saturday	Sunday

二十四節気

8日頃　白露 はくろ
23日頃　秋分 しゅうぶん

行事や風習

1日頃　二百十日
にひゃくとうか
（立秋から数える）

7日～10月8日
十五夜 じゅうごや
（ほぼ満月の頃）

9日　重陽の節句
ちょうようのせっく

十五夜
9.7〜10.8
(ほぼ満月の頃)
じゅうごや

十五夜のにっこりお月見団子さん

お団子が大好きな娘達が毎年楽しみにしているこの行事。
本来十五夜は、奉書紙を敷いた上にお団子を15個、
すすきは稲穂に見立てたり魔よけのために飾り、
豊作を祈って里芋や栗、大豆をお供えします。
そんな話をしながら、わが家は手軽に絹豆腐でこねた白玉団子を作ります。
夕食を軽く済ませて、あんこやきなこ、みたらしのたれを
たっぷりつけていただきます。

材料(2人分)

白玉粉 ——— 100g
絹ごし豆腐 —— 100g
黒ごま(目) —— 適量
ゆであずき(市販) ——— 適量
きなこ ——— 適量

Memo
白玉団子はべたつくので、手やスプーンを水で濡らすと盛りつけやすいです。

作り方

1. ボウルに白玉粉を入れ、耳たぶの硬さになるまで絹ごし豆腐を少しずつ加える。

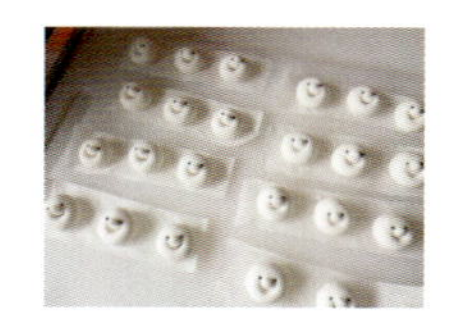

2. 1で顔、鼻を作り、目と口跡をつけ、ワックスペーパーに少量ずつ置く。

3. フライパンにお湯を沸騰させて2をゆでる。

4. 団子が浮いてくるくる回り始めたら水に取る。

秋のお弁当

音楽会のお弁当

上手に演奏できるかな!?
おいしい海苔弁に子どもが
担当する楽器をのせました。

詰め方のポイント

レタスを仕切りにしておかずを詰める。うずら卵の飾り切りやレモンをクルクルッと巻いて、音符のピックで刺すと彩りもよくかわいい。

作り方

【グランドピアノを作る】

1. 白ご飯をピアノの形に詰める。

2. ご飯→おかかしょうゆ→海苔をもう一度くり返して２段にする。

3. 海苔を細く切り鍵盤を作り、ハムの指とチーズの爪を置く。

【鍵盤ハーモニカを作る】

4. ウインナーを焼き、包丁で鍵盤を切り取る。

5. スライスチーズを置き、海苔を細く切って鍵盤を作る。

6. レモンの皮でホースを作り、先にマウスピースを海苔で貼る。

動物園遠足のお弁当

開けたらびっくり!!
「お待ちしておりました！」
動物園の3スターがお出迎え。

詰め方のポイント

ご飯を詰め、基本のそぼろ（P27参照）を敷き、焼いて軽く塩をふったつくねでゾウを作り、揚げ餃子のライオン、卵焼きのキリンに楊枝2本で角を刺す。隙間に野菜を詰める。最後にチーズ、海苔、黒ごまで顔を作る。

作り方

【ライオン揚げ餃子を作る】

1. 餃子の皮2枚で餃子あんをサンドする。

2. 縁をフォークでしっかり押さえ、少量の油でライオン色にサクッと揚げる。

【キリン卵焼きを作る】

1. ポツポツと卵液を落とし、焼き色がついたら卵液を少量流してキリン柄の薄焼き卵を作る。

2. 一度取り出し、残りの卵液で普通の卵焼きを作り、1で巻いてラップで包む。

3. キリンの顔になるよう、串を3本当て、輪ゴムで3ヵ所留めて冷ます。

4. 切って顔、鼻、耳、首にする。

運動会のお弁当

全力で走り抜け!!
赤がんばれ！　白がんばれ！
ライブ感満載のごちそうで。

作り方

【カラフル卵焼きを作る】

＊作り方は「もくもく伊達巻」(P11)参照

かまぼこやなるとのかわいいピンクを生かし、卵焼きに入れるととてもきれい。串と輪ゴムを使って形もかわいらしく仕上げる。

【紅白玉入れラディッシュを作る】

丸い刃で切り込みを入れ、細いナイフで丸く抜いていくと、ラディッシュの鮮やかな紅白がきれいに出る。

バス遠足のお弁当

黄色いバスの窓から元気に
「行ってきまーす!!」
仲良し3人組の楽しそうなお顔を窓から覗かせ、太陽もサンサン、もくもくと白い雲。

作り方

1. 玉ねぎ、ピーマン、パプリカなどカラフル野菜を細かく刻んで、カレーパウダーで味つけしておいしいカレーピラフを作る。
2. 黄色い遠足バスに見立て、チーズと海苔でタイヤをつけ、仲良し3人組の楽しそうなお顔を窓から覗かせ、太陽もサンサン、もくもく白い雲。

A

B

C

切っても切ってもさんまの子魚クッキー

材料(作りやすい分量)

【プレーン生地】
無塩バター――50g
アーモンドパウダー――40g
薄力粉――60g
砂糖――30g
塩――ひとつまみ

【ココア生地】
無塩バター――50g
アーモンドパウダー――20g
薄力粉――75g
ココアパウダー――5g
砂糖――30g
塩――ひとつまみ

作り方

1. バターを電子レンジにかけ、指で押して跡が残るくらいの柔らかさにする。
2. 1 に砂糖を入れ、ハンドミキサーか泡立て器で白っぽくなるまでしっかり混ぜる。
3. 2 にアーモンドパウダー、塩を入れ混ぜる。
4. ハンドミキサーをゴムベラに替え、【ココア生地】はふるった薄力粉とココアパウダーを3回に分けて入れ、さっくりと粉っぽさがなくなるまで混ぜる。

   【プレーン生地】はふるった薄力粉を3回に分けて入れ、さっくりと粉っぽさがなくなるまで混ぜる。
5. 4 をラップで包み、30 分以上冷蔵庫で休ませる。
6. 【さんまを作る】半分から上は黒く下は白い。尾びれは白、ひれは白……と頭の中で描き生地を重ねる(写真 A)。
7. 6 を魚の形に伸ばし、尾びれのくぼみを作り、口をとがらせる。ラップに包んで冷凍庫で 30 分冷やす。
8. 8 mm 幅に切り鉄板に並べ、楊枝の尖っていないほうで目、ナイフやヘラで、えらや模様を格子に入れる(写真 B・C)。
9. 170℃のオーブンで約 10 分、おいしそうな焼き色がつくまで焼く。

いかと里芋の煮っころがしおにぎり

MEMO

材料と作り方

いかと里芋の煮っころがしを作る。里芋を1cmくらいに刻んでご飯と混ぜて握る。さらに上に里芋といかを置いて海苔を巻く。あおさをふって完成。

お漬物
おにぎり

お月見団子おにぎり

材料と作り方

黄色いたくわんに、大根のべったら漬けをストローで抜いてお団子に。一番上は黒ごまで目をつけたうさぎ団子。

年

10

October

神無月
かんなづき

To Do List

- ☐
- ☐
- ☐
- ☐
- ☐

Monday	Tuesday	Wednesday
		国民の休日 **第2月曜** スポーツの日

Thursday	Friday	Saturday	Sunday

二十四節気

8日頃　寒露 かんろ
23日頃　霜降 そうこう

行事や風習

20日　恵比寿講 えびすこう
31日　ハロウィン

10. October

ハロウィン
10.31

かぼちゃポタージュから～おばけだじょ～

子ども達が大好きな濃厚かぼちゃポタージュに、
真っ白いおばけちゃんを浮かべました。
手やしっぽの先をしゅっと長く細く引っ張ると、より不気味なおばけに。
高さのある小さなひょうたん型の器の向きを逆さまにして、
ハロウィン仕様にしてみました。

材料（4人分）

かぼちゃ ―― 350g
玉ねぎ ―― 1/2個
バター ―― 20g

A
- 牛乳 ―― 400cc
- コンソメ顆粒 ―― 小さじ1
- 塩・こしょう ―― 各少々

【おばけ用】
生クリーム ―― 各小さじ1
黒ごま・ピンクペッパー・糸唐辛子 ―― 各適量

作り方

1. かぼちゃは小さく切り、柔らかくなるまで蒸すかレンチンし、皮を取り除く。
2. 玉ねぎをみじん切りにして、バターでしんなりするまで炒める。
3. 2に1とAを加えてひと煮立ちさせ、ミキサーで滑らかになるまで撹拌する（鍋でゆっくり火を通してざるでこしてもOK）。
4. 3をざるで裏ごしして温めたら器に盛る（冷蔵庫で冷やしてもOK）。おばけを描いて完成。

【おばけを描く】

1. スプーンで生クリームを丸く流す。

2. 頭の突起、手、指、しっぽを竹串の先で生クリームを引っ張るように描く。

3. 黒ごま（目）、ピンクペッパー（鼻）、糸唐辛子（口）を置き、お好みで粒黒こしょうをひいて散らす。

ほねほねホワイトデニッシュショコラ

私がまだ高校生だった1992年発売の「ヤマザキ ホワイトデニッシュ」。
こんな形になって娘達に受け継いでいます（笑）。
切って並べてお顔をつけただけ。市販品にちょい足し！
ハロウィンにこのほねほねさんを何体も並べたら、
パーティーは盛り上がること間違いなし!!

材料（ホワイトデニッシュ２個分）

ヤマザキ ホワイトデニッシュ — 2個
ホワイトチョコ（白目） — 適量
チョコチップ（黒目） — 2粒
ピンクペッパー（ほっぺ） — 2粒

作り方

1. ホワイトデニッシュを６等分する。
2. パンの両端を凹ませて骨の形にする。
3. 大皿に並べ、目とほっぺをつけ、ハロウィンのピックを刺す。

偏食とこちゃんのおばけ弁当

わが家の偏食娘、とこのご指定通りの秋の遠足弁当。
①布団に入ってるやつ
②野菜なし
③猫耳カチューシャつけて!!
ピカピカに食べてきてくれました◎

A

材料（1人分）

ご飯 ―― 茶碗1杯分
基本のそぼろ（P27参照） ―― 大さじ3

A
- 卵 ―― 1個
- 牛乳 ―― 小さじ1
- 砂糖 ―― 小さじ1/2

海苔 ―― 適量
ピンクペッパー ―― 1粒
サラダ油 ―― 小さじ1

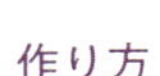

作り方

1. ラップにご飯の1/3を取り、おばけと手を作る。残りのご飯を弁当箱に詰める。
2. 基本のそぼろをご飯の上に敷き、おばけと手を置く（写真A）。
3. 海苔を切ってカチューシャと顔にし、ピンクペッパーで鼻をつける。
4. フライパンを熱し油を入れ、弱火で混ぜたAを流し入れ、外側から中心に卵を寄せるイメージでドレープができるようゆっくり混ぜ、表面の卵が流れなくなったら火を止める。
5. 2の上に4を布団のようにふわっとかける。

ふろふきおばけちゃんのしみしみ大根

柔らかく透き通った真っ白い大根はまるでおばけみたい!?
子ども向きに甘いゆずみそでいただきます。
器は波の柄ですが、逆さまに置いておばけを盛ると、
波の柄がまるで夜空に浮かぶ雲のよう。
柄やデザインのある器は、向きを変えてみたりして、
お料理をかわいく演出するのも楽しいです。

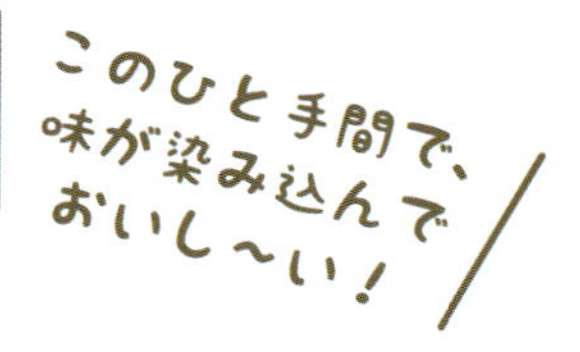

材料（4人分）

大根（小）	1本
水	1L
米のとぎ汁	適量
昆布	5cm
塩	小さじ1/2
しょうゆ	大さじ1/2
酒	大さじ2

【ふろふきみそ】

みそ	大さじ2
砂糖	大さじ3
みりん	大さじ1/2
酒	大さじ1
水	大さじ1
ゆずの皮	適量

Memo
6で取り出した昆布は、佃煮や炒め煮にします。

作り方

1. 大根を2.5〜3cmの厚さに切り、皮をむく。
2. 大根に小包丁でS字を描くように切り込みを入れ、おばけの形に切り離して面取りをする（写真A）。
3. 鍋に2を並べ、米のとぎ汁をひたひたに入れて強火にかけ、煮立ったら中火にし、大根が透き通り、竹串がすっと入るまで20分以上ゆでる（写真B）。
4. 【ふろふきみそを作る】材料を鍋に入れ、ヘラの跡がつくくらいまで弱火で煮詰めて器に盛り、ゆずの皮を散らす。
5. 3の大根を水洗いし、鍋も洗っておく。
6. 鍋に昆布と水を入れて沸騰しないように5分間煮出し、火を止め昆布を取り出す。
7. 6に大根を入れて、塩、しょうゆ、酒を加えて落とし蓋をして、弱火で15分煮て火を止め、冷ましながら味を染み込ませる。
8. 器に盛り、昆布（眉）、黒ごま（目）、白ごま（鼻）、糸唐辛子（口）をつける。

A

B

クッキー

さっくさく ホワイトロリータミイラ

昭和40年発売の
「ブルボン ホワイトロリータ」。
古きよきシンプルなお菓子に
ちょっと手を加えて、
サクサクおいしい
ハロウィンのおやつに。

材料と作り方

1. チョコレート2かけを湯煎で溶かし、ワックスペーパーの上に5mmくらいの大きさに丸くたらす。手の形になるように楊枝で指を引っ張る（写真A）。冷凍庫で固める。
2. 固まったらホワイトロリータの上に置く。
   ＊溶けやすいのでピンセットや楊枝を使って手早く。保冷剤の上に置いて作業をすると溶けにくい。
3. 2を並べてホワイトチョコペンで包帯を巻くようにチョコをかけていく。
4. ホワイトチョコペンで白目をつけ、冷凍庫で冷やす（約3分）。
5. 冷凍庫から出して白目の上に、1の残りのチョコを1滴たらして冷やし固める。

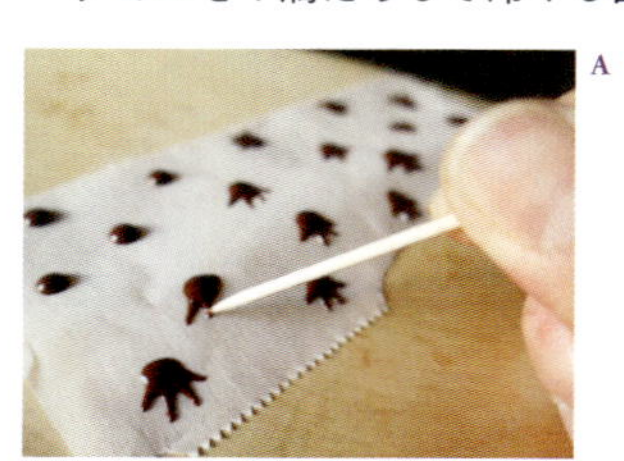
A

チョコナッツの くりくりパン

基本のパン生地（P102参照）に
ココアパウダーで色づけしています。
けしの実をつけてリアルな栗の形に
変身させましょう。

材料と作り方

1. HBで一次発酵を終えたココア生地のガス抜きをして、楕円に伸ばす。
2. 1にチョコチップとアーモンドダイスをたっぷりのせて生地で包む（写真A）。
3. 栗の形になるよう端をつまんでけしの実をつけ、耐熱容器に入れて二次発酵させる（写真Bは発酵後）。
4. 180℃に予熱したオーブンで約10分焼く。
5. 粗熱が取れたらチョコレートと黒ごまで目をつけ、口に切り込みを入れて完成。

A

B

旬おにぎり

焼き秋さけとタルタルのおにぎり

材料と作り方

焼きさけの骨を取り、ご飯と混ぜてラップでしっかり握る。さらに上に肉厚のさけとタルタルソースを置き、海苔で巻いてパセリをふる。

お漬物おにぎり

魔女のとんがり帽おにぎり

材料と作り方

なすの浅漬け

大根の漬物

黒ごま

MEMO

年

11

November

霜月
しもつき

To Do List

- ☐
- ☐
- ☐
- ☐
- ☐

Monday	Tuesday	Wednesday
		国民の休日 3日　文化の日 23日　勤労感謝の日

Thursday	Friday	Saturday	Sunday

二十四節気

7日頃　立冬 りっとう
22日頃　小雪 しょうせつ

行事や風習

15日　七五三
しちごさん

11. November

紅葉の季節
9月中旬〜
12月上旬ごろ

持ち寄りもみじ狩り弁当　主食担当！

自然の色は本当に美しく、ダイナミックに彩られた自然に囲まれると心が洗われます。仲良しのお友達と担当制の持ち寄り弁当を持ってもみじ狩りに出かけるのも、この時期だけのお楽しみです。

Menu

野菜たっぷりそぼろ稲荷
梅ゆかりおにぎり
秋さけとわかめのおにぎり
野菜とえびのふた口かき揚げ
稲庭うどん
お猿の栗饅頭
お猿の栗蒸し羊羹

野菜たっぷりそぼろ稲荷

材料（10個分）

米 ―― 1合
すし酢 ―― 大さじ2

【鶏そぼろ】
鶏ひき肉 ―― 150g
酒 ―― 大さじ1
砂糖 ―― 小さじ1

サラダ油 ―― 小さじ1
油揚げ ―― 5枚

A
にんじん（みじん切り）―― 1/3本
しょうが（みじん切り）―― 1片
しょうゆ ―― 小さじ1

B
だし汁 ―― 1カップ
しょうゆ ―― 大さじ2
みりん ―― 大さじ2
砂糖 ―― 大さじ3
ざらめ ―― 大さじ1

【飾り用】
卵焼き ―― 卵1個分
にんじん ―― 1/3本
きゅうり ―― 1/2本
かぼちゃ（薄切り）―― 2枚
白いりごま ―― 適量

作り方

【そぼろ稲荷を作る】

1. Bで油抜きした油揚げを煮たら、味を含ませて冷蔵庫で冷やす。
2. 鶏そぼろを作り、炒めたAと混ぜ、すし飯と合わせる。

【野菜の飾り切りを作る】

・にんじんはもみじの型で抜き飾り切りをし、塩ゆでにする。
・きゅうりは竹型で抜き飾り切りをし、軽く塩もみして絞る。
・かぼちゃはイチョウの型で抜きゆでる。
・卵焼きはひょうたん型で抜く。

Memo
抜いた残りくずも朝ごはんやかき揚げに使って、無駄なく使い切ります。

お猿の栗饅頭とお猿の栗蒸し羊羹

材料と作り方

1. 市販の栗饅頭を丸型（びんのスクリューのふたやペットボトルキャップ）で跡をつけて抜く。

2. ホワイトチョコを湯煎で溶かし、卵ボーロにつけて栗饅頭の耳に、1で抜いた皮を小さな▽に切って鼻、ホワイトチョコで白目、黒ごま（黒目）をつける。
3. U字のヘラ（ストロー）で口を抜き、鼻から口に向けて線を入れる。
4. 市販の栗蒸し羊羹で同様に顔を作る。

クッキー

ちぎりパン

発熱クッキー

順番に風邪をひいていた
小さい頃の娘達が懐かしいです。
くまのぬいぐるみとぬくぬくお布団に入る
発熱ちゃんのクッキーを作りました。

材料と作り方

生地の作り方は P100~101 参照。

【プレーン生地】
顔、くまの鼻周り、かけ布団の雪だるま

【ココア生地】髪、くま

【紫芋生地】かけ布団

【かぼちゃ生地】敷布団、鼻

1. それぞれ成形し、黒ごまでくまの目、鼻、雪だるまの目、鼻、U字のヘラ（ストロー1/2）で女の子の目、口、雪だるまの口に跡をつける。
2. 160 ~ 170 ℃のオーブンで 20 ~ 25 分、厚みがあるのでできるだけ低温でゆっくり焼く。お好みで粉糖をかける。

たこツインズパン

紫芋生地（P103 参照）に
たっぷりホワイトチョコの焼けた風味が
とってもおいしいです

材料と作り方

1. HB で一次発酵を終えた紫芋生地を 2 等分、さらに 1/2 にして顔 2 つに。
   残りをだいたい 17 分割し、1 本分を口にする。それぞれガス抜きをして頭は丸め、足は長く伸ばす。
2. 耐熱容器に入れて足にホワイトチョコチップをたくさんつけて二次発酵させる（**写真 A は発酵前**）。
3. 180℃に予熱したオーブンで約 10 分焼く。
4. 粗熱が取れたらチョコレートで目をつけて完成。

A

たこペペガーリック おにぎり

材料と作り方

1. オリーブオイル少々でにんにくのスライスをカリッと揚げ、刺身用のたこをさっと炒めて塩、こしょうする。
2. にんにくとご飯をさっと和えてラップでしっかり握り、上にたこと大葉をのせて海苔で巻き、さらに握る。

MEMO

お漬物おにぎり

おでこに焼き芋おにぎり

材料と作り方

しば漬けをくるっと丸めて 1/2 に切り、切り口にたくわんをつける。

年

12

December

師走
しわす

To Do List

- [ ]
- [ ]
- [ ]
- [ ]
- [ ]

Monday	Tuesday	Wednesday

Thursday	Friday	Saturday	Sunday

二十四節気

7日頃 大雪 たいせつ
22日頃 冬至 とうじ

行事や風習

13日 すす払い
（大掃除の時期）

31日 大晦日
おおみそか

12. December

キラキラハンドベルのクリスマスチキン

持ち手をしっかりと作る昔ながらのチューリップは、
ジューシーで食べやすく子ども達も大好きです。
手羽先の処理はなかなかの手間ですが、
きれいに仕上がったチキンをカリッと揚げ、
子ども達に手伝ってもらいながら、
ハンドベルのようにデコレーションすると、
かわいくて豪華なクリスマスのメイン料理になります。

ハンドベルの作り方

骨にワイヤータイを除菌スプレーでふいてから巻く。アルミホイルとカラーセロファンを重ねて折り、はさみで何本か切り込みを入れ、ワイヤータイの上に巻く。

ホッとトナカイオムライス

野菜もお肉も卵もご飯も入った栄養満点のクリスマスメニューです。大皿に集合したトナカイが今年のクリスマス仕事の反省会をしているような表情にしてみました。

材料と作り方

1. 薄焼き卵を３等分し、ラップに置き、チキンライスを包む（写真 A）。
2. 大皿に並べ、炒めたウインナーの耳とアスパラの角（つの）を置く。
3. チーズを丸く抜いた白目に黒米（黒ごまでも OK）、鼻にケチャップ、口に三日月型で抜いたハムを置く。眉はゆでた押し麦（海苔でも OK）。

Memo
眉毛をハの字にして口をニコリとするとほっとした表情になります。

A

「ミニスナックゴールド」（ヤマザキパン）を使って

スノーマンのミニスナックゴールド

材料と作り方

1. 三角に抜いたアルミホイルをかぶせ、茶こしで抹茶パウダーをかける。

2. マシュマロを抜いて雪と雪だるまを作る。
3. 帽子とマフラーはマシュマロに紫芋パウダー（チョコレートでも OK）。
4. ツリーのてっぺんの星はマシュマロに黄色いアラザン。

「雪の宿」（三幸製菓）を使って

雪だるまの宿

材料と作り方

マシュマロを「雪の宿」に2つのせ、オーブントースターに入れ、砂糖が溶ける前に出す（約1分弱）。チョコペンか楊枝に湯煎で溶かしたチョコレートをつけて顔を描く。

冬至
12.22
とうじ

なんきんとくまさんだんごのにものん♪

冬至は「ん」（運）のつく物を食べると縁起がよいとされています。
かぼちゃは（南瓜）なんきんとも読み、「ん」が2つもつき、
栄養価が高く、風邪予防にもなります。
このお料理には「運」がいっぱいです（笑）。

材料と作り方

1. 鶏ひき肉と炒め玉ねぎをこねて塩、こしょうし、さらにこねてくまの形を作り、ゆでうずら卵を押し込んで、片栗粉をまぶす。

2. フライパンに油を入れて中火で底面のみしっかり焼き、酒適量を入れて蓋をし、中火で蒸し焼きにする。

3. 水分がなくなったら蓋を開け、砂糖・しょうゆ適量で調味する。黒米（目）、あずき（鼻）、糸唐辛子（口）で顔をつけ、かぼちゃの煮物と一緒に盛る。

大晦日
12.31
おおみそか

年越しかけそば

おせちの準備も終えほっと一息。
おせちのかまぼこを1枚拝借して飾り切りをし、
子どもの分だけちょっとかわいらしくしてみました。

えび天はお腹に包丁で垂直に何本か筋を入れてピンと伸ばし、揚げながら箸に天ぷら粉をつけて花びらを散らすように揚げる。

【かまぼこの飾り切り】

紅白かまぼこのピンク部分を切り取り、はさみやストローで抜いて女の子にしてみました。

クッキー

旬おにぎり

トナカイのおにぎり

材料と作り方

塩おにぎりにタルタルソースをのせてえびフライを２本海苔で巻く。
えびのしっぽをトナカイの角(つの)に見立てて。

旬おにぎり

かにかまでクリスマスおにぎり

材料と作り方

かにかまを薄く広げて切り、クリスマスの帽子にしました。

サンタ村のいちご山タルト
サンタさんのクッキー

抹茶とココア味のタルト生地に、
あずきとホイップをのせ、
フレッシュいちごを空高く積み上げて。
お山の頂上からガタガタゴロゴロと
いちごが崩れ落ちる、
ケーキカットの時間もお楽しみください。

＊タルトの作り方は P105 参照。

材料(作りやすい分量)

【紫芋生地】
無塩バター —— 50g
アーモンドパウダー —— 30g
薄力粉 —— 65g
紫芋パウダー —— 5g
砂糖 —— 30g
塩 —— ひとつまみ
卵 —— 1/4個

【プレーン生地】
無塩バター —— 50g
アーモンドパウダー —— 30g
薄力粉 —— 70g
砂糖 —— 30g
塩 —— ひとつまみ
卵 —— 1/4個

クッキーの作り方

1. バターを電子レンジにかけ、指で押して跡が残るくらいの柔らかさにする。
2. 1 に砂糖を入れ、ハンドミキサーか泡立て器で白っぽくなるまでしっかり混ぜる。
3. 2 を混ぜながら溶いた卵を入れる。
4. 3 にアーモンドパウダー、塩を入れ混ぜる。
5. ハンドミキサーをゴムベラに替え、プレーン生地はふるった薄力粉を 3 回に分けて入れ、さっくりと混ぜる。紫色生地も薄力粉＋パウダーで同様に。
6. 5 をラップで包み、30 分以上冷蔵庫で休ませる。
7. 6 をオーブンペーパーで包んで、めん棒で平らに伸ばす。
8. 【サンタを作る】紫芋生地で薄い長方形（服）を作る。プレーン生地を服の幅に丸め、顔の位置にのせる。2 色で帽子を作りかぶせる。プレーン生地でひげをつける。鼻と眉とボタンをつけ、U 字で口の跡をつけ、黒ごまで目をつける。
9. 170℃のオーブンで約 15 分焼く。

MEMO

基本のアイスボックスクッキー生地

材料

【プレーン生地】

バター……100g
粉糖……100g
薄力粉……200g

準備

・バターは常温に戻して柔らかくしておく。
・薄力粉をふるっておく。

作り方

1. バターに粉糖を混ぜ、白っぽくなめらかになるまでしっかり混ぜる。
2. 1にふるった薄力粉を加えて、ゴムベラで切るように混ぜてひとまとめにする。
3. 2をラップで包み、生地が落ち着くまで冷蔵庫で30分以上休ませる。
4. 3を棒状に伸ばして冷凍庫で30分以上冷やし、7mmくらいの厚さに切る。
5. 170℃に予熱したオーブンで約15分、おいしそうな焼き色がつくまで焼く。

基本のアイスボックスクッキー生地で 1色のフレーバー生地を作る

材料

【ココア生地】

バター……100g
粉糖……100g
薄力粉……180g
ココアパウダー……20g

準備

・バターは常温に戻して柔らかくしておく。
・薄力粉、ココアパウダーをふるっておく。

作り方

1. バターに粉糖を混ぜ、白っぽくなめらかになるまでしっかり混ぜる。
2. 1にふるった薄力粉とココアパウダーも加えて、ゴムベラで切るように混ぜてひとまとめにする。
3. 2をラップで包み、生地が落ち着くまで冷蔵庫で30分以上休ませる。
4. 3を棒状に伸ばして冷凍庫で30分以上冷やし、7mmくらいの厚さに切る。
5. 170℃に予熱したオーブンで約15分、おいしそうな焼き色がつくまで焼く。

基本のアイスボックスクッキー生地でプレーン生地プラス２色（白・茶・緑）のフレーバー生地を作る

材料

【プレーン生地　ココア生地　抹茶生地】

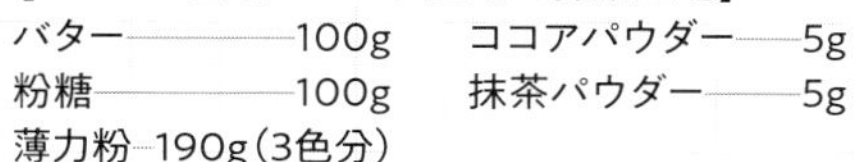

バター……100g
粉糖……100g
薄力粉…190g（3色分）
ココアパウダー……5g
抹茶パウダー……5g

準備

・バターは常温に戻して柔らかくしておく。
・薄力粉とそれぞれのフレーバーをふるっておく。

作り方

1. バターに粉糖を混ぜ、白っぽくなめらかになるまでしっかり混ぜる。
2. 1 を３つに分ける（白80g、茶・緑各60g）。
3. 2 の白 80g に薄力粉 70g、茶 60g に薄力粉 60g+ ココアパウダー 5g、緑 60g に薄力粉 60g+ 抹茶パウダー 5g を加えて、ゴムベラで切るように混ぜてひとまとめにする。
4. 3 をラップで包み、生地が落ち着くまで冷蔵庫で 30 分以上休ませる。
5. 4 を長く伸ばして生地を重ねて柄を作り、棒状にまとめて冷凍庫で30分以上冷やし、7 mm くらいの厚さに切る。
6. 170℃に予熱したオーブンで約 15 分、おいしそうな焼き色がつくまで焼く。

基本のアイスボックスクッキー生地２本分でプレーンのチョコチップ生地プラス３色（白チョコチップ・茶・緑・紫）のフレーバー生地を作る

材料＊４色同量

【フレーバー生地】

バター……200g
粉糖……200g
薄力粉…360g（4色分）
ココアパウダー……10g
抹茶パウダー……10g
紫芋パウダー……10g
チョコチップ……適量
（プレーン生地が余ったらチョコチップクッキーに）

準備

・バターは常温に戻して柔らかくしておく。
・薄力粉とそれぞれのフレーバーをふるっておく。

作り方

1. バターに粉糖を混ぜ、白っぽくなめらかになるまでしっかり混ぜる。
2. 1 を４つに分ける（100g ずつ）。
3. 白に薄力粉 105g、茶・緑・紫に薄力粉各 85g+ 各パウダー 10g を加えて、ゴムベラで切るように混ぜてひとまとめにする。白い生地には最後にチョコチップを入れてまとめる。
4. 3 をラップで包み、生地が落ち着くまで冷蔵庫で 30 分以上休ませる。
5. 4 を長く伸ばして生地を重ねて柄を作り、棒状にまとめて冷凍庫で30分以上冷やし、7 mm くらいの厚さに切る。
6. 170℃に予熱したオーブンで約 15 分、おいしそうな焼き色がつくまで焼く。

基本のクッキー生地

材料

無塩バター——100g
砂糖——50g
卵——1/2個
アーモンドパウダー——90g
薄力粉——110g
塩——ひとつまみ

準備

- バターは常温に戻して柔らかくしておく。
- 薄力粉をふるっておく。

作り方

1. バターに砂糖を混ぜ、白っぽくなめらかになるまでしっかり混ぜ、卵とアーモンドパウダー、塩を入れてさらにしっかり混ぜる。
2. 1 にふるった薄力粉を加えて、ゴムベラで切るように混ぜてひとまとめにする。
3. 2 をラップで包み、生地が落ち着くまで冷蔵庫で 30 分以上休ませる。
4. 3 をオーブンシートに挟んで（めん棒に生地がつかず、ラップに比べしわが寄らない）7mm の厚さに伸ばして型抜き、または丸めるなど成形する。
5. 170℃に予熱したオーブンで約 15 分、おいしそうな焼き色がつくまで焼く。

基本のクッキー生地で1色のフレーバー生地を作る

材料

無塩バター——100g
砂糖——50g
卵——1/2個
アーモンドパウダー——80g
薄力粉——100g
ココアパウダー——20g
塩——ひとつまみ

準備

- バターは常温に戻して柔らかくしておく。
- 薄力粉とココアパウダーをふるっておく。

作り方

1. バターに砂糖を混ぜ、白っぽくなめらかになるまでしっかり混ぜ、卵とアーモンドパウダー、塩を入れてさらにしっかり混ぜる。
2. 1 にふるった薄力粉とココアパウダーを加えて、ゴムベラで切るように混ぜてひとまとめにする。
3. 2 をラップで包み、生地が落ち着くまで冷蔵庫で 30 分以上休ませる。
4. 3 をオーブンシートに挟んで（めん棒に生地がつかず、ラップに比べしわが寄らない）7mm の厚さに伸ばして型抜き、または丸めるなど成形する。
5. 170℃に予熱したオーブンで約 15 分、おいしそうな焼き色がつくまで焼く。

基本のクッキー生地でプレーン生地プラス2色（白・茶・緑）のフレーバー生地を作る

材料

【プレーン生地　ココア生地　抹茶生地】

無塩バター――100g
砂糖――50g
卵――1/2個
アーモンドパウダー――80g
薄力粉――100g
ココアパウダー――10g
抹茶パウダー――10g
塩――ひとつまみ

準備

・バターは常温に戻して柔らかくしておく。
・薄力粉とそれぞれのフレーバーをふるっておく。

作り方

1. バターに砂糖を混ぜ、白っぽくなめらかになるまでしっかり混ぜ、卵とアーモンドパウダー、塩を入れてさらにしっかり混ぜる。
2. 1を3つに分ける（白100g､茶・緑各80g)。
3. 2の白に薄力粉40g、茶に薄力粉30g+ココアパウダー、緑に薄力粉30g+抹茶パウダーを加えて、ゴムベラで切るように混ぜてひとまとめにする。
4. 3をラップで包み、生地が落ち着くまで冷蔵庫で30分以上休ませる。
5. 4をオーブンシートに挟んで（めん棒に生地がつかず､ラップに比べしわが寄らない）7mmの厚さに伸ばして型抜き、または丸めるなど成形する。
6. 170℃に予熱したオーブンで約15分、おいしそうな焼き色がつくまで焼く。

基本のクッキー生地でプレーン生地に少しだけのフレーバーを追加する

ほっぺだけピンクにしたい時など

材料

無塩バター――100g
砂糖――50g
卵――1/2個
アーモンドパウダー――90g
薄力粉――110g
紫芋パウダー――小さじ1
塩――ひとつまみ

準備

・バターは常温に戻して柔らかくしておく。
・薄力粉をふるっておく。

作り方

1. バターに砂糖を混ぜ、白っぽくなめらかになるまでしっかり混ぜ、卵とアーモンドパウダー、塩を入れてさらにしっかり混ぜる。
2. 1にふるった薄力粉を加えて、ゴムベラで切るように混ぜてひとまとめにする。
3. 紫芋パウダーを数滴の牛乳または水（材料外）で溶きペースト状にする。好みの色の濃さになるようバター生地を少しずつ取り、混ぜて紫芋の生地を作る。
4. 2、3をラップで包み、生地が落ち着くまで冷蔵庫で30分以上休ませる。
5. 4をオーブンシートに挟んで（めん棒に生地がつかず､ラップに比べしわが寄らない）7mmの厚さに伸ばして型抜き、または丸めるなど成形する。
6. 170℃に予熱したオーブンで約15分、おいしそうな焼き色がつくまで焼く。

基本のパン生地

材料（基本のパン１斤分）＊ホームベーカリー使用

水……140cc
卵……M1/2個
強力粉……280g
砂糖……大さじ3
塩……小さじ1
バター……20g
スキムミルク……大さじ1/2
ドライイースト……4.2g

作り方

1. ホームベーカリーをセットして材料を入れスタート。
2. 20分練る。
3. １時間発酵させる（一次発酵）。発酵後は約２倍になる。
4. 打ち粉（強力粉 分量外）をふった台に３を取り出し軽くガス抜きをして、生地をスケッパーで分割して軽く丸め、かたく絞ったぬれ布巾をかけて10分休ませる。
5. ４をガス抜きしながらめん棒で生地を伸ばし、生地の端をくっつけるように内側へ折り込み、表面にしわのないきれいな丸みができるよう綴じる。
6. 耐熱型にバター（分量外）を塗り生地を並べ、表面が乾かないよう、霧吹きをして35℃で40分発酵させる（二次発酵）。二次発酵後は２倍くらいに膨らむ。
7. 180℃に予熱したオーブンで、10～15分焼く。

基本のパン１斤分で１色のフレーバー生地を作る

材料（基本のパン１斤分）＊ホームベーカリー使用

水……140cc
卵……M1/2個
強力粉……260g
ココアパウダー……20g
粉溶き用のお湯……小さじ1
＊野菜や果物などのパウダーは、お湯で溶いてペースト状にしてから使う
砂糖……大さじ3
塩……小さじ1
バター……20g
スキムミルク……大さじ1/2
ドライイースト……4.2g

作り方

1. ホームベーカリーをセットして材料を入れスタート。
2. 20分練る。
3. １時間発酵させる（一次発酵）。発酵後は約２倍になる。
4. 打ち粉（強力粉 分量外）をふった台に３を取り出し軽くガス抜きをして、生地をスケッパーで分割して軽く丸め、かたく絞ったぬれ布巾をかけて10分休ませる。
5. ４をガス抜きしながらめん棒で生地を伸ばし、生地の端をくっつけるように内側へ折り込み、表面にしわのないきれいな丸みができるよう綴じる。
6. 耐熱型にバター（分量外）を塗り生地を並べ、表面が乾かないよう、霧吹きをして35℃で40分発酵させる（二次発酵）。二次発酵後は２倍くらいに膨らむ。
7. 180℃に予熱したオーブンで、10～15分焼く。

基本のパン1斤分で2色のフレーバー生地を作る

材料（基本のパン1斤分）＊ホームベーカリー使用

水……140cc
卵……M1/2個
強力粉……260g
砂糖……大さじ3
塩……小さじ1
バター……20g
スキムミルク……大さじ1/2
ドライイースト……4.2g

フレーバー
A
かぼちゃパウダー
（ほうれんそうパウダーも同量）
……10g
B
紫芋パウダー……10g
粉溶き用のお湯……各小さじ1

作り方

1. ホームベーカリーをセットしてフレーバー以外の材料を入れスタート。
2. 全体が混ざるまで約10分練る。
3. いったん生地を取り出し**A**と**B**に2分割する。**A**はホームベーカリーに戻し、**B**は乾燥しないようオーブンシートで包む(ラップだとくっついてしまう)。
4. **A**にお湯で溶いてペースト状にしたかぼちゃパウダーを入れて、10分練りを再スタート。色むらがあるようなら追加で3分練って取り出し、乾燥しないようオーブンシートで包む。
5. ホームベーカリーのケースを一度外してケースが冷たくならないようお湯で洗い、水分を完全に拭き取ったら**B**の生地を入れ、お湯で溶いてペースト状にした紫芋パウダーを入れて10分練りを再スタート。色むらがあるようなら追加で3分練る。
   ※**5**の作業がめんどうなら、**4**と同時進行で、紫芋パウダーを**B**に入れ手捏ねをしてもよい。
6. **B**の生地を片側に寄せ**A**の生地をオーブンシートのままケースに入れ（生地同士がくっつかないようシートのまま入れる）2色を同時に、約1時間発酵させる(一次発酵)。発酵後は約2倍になる。
7. 打ち粉（強力粉 分量外）をふった台に**6**を取り出し軽くガス抜きをして、生地をスケッパーで分割して軽く丸め、かたく絞ったぬれ布巾をかけて10分休ませる。
8. 7をガス抜きしながらめん棒で生地を伸ばし、作りたい大きさや形に成形する。生地の端をくっつけるように内側へ折り込み、表面にしわのないようきれいに綴じる。
9. 耐熱型にバター（分量外）を塗り生地を並べ、表面が乾かないよう、霧吹きをして35℃で40分発酵させる（二次発酵）。二次発酵後は2倍くらいに膨らむ。
10. 180℃に予熱したオーブンで、10～15分焼く。

チョコレートブラウニー（P52）

材料（直径18cmケーキ型１台分）

ビターチョコレート	140g	グラニュー糖	120g	薄力粉	45g
生クリーム	50g	卵	2個	ココアパウダー	10g
無塩バター	100g	アーモンドパウダー	45g	アーモンドダイス	50g

作り方

1. アーモンドダイスをフライパンで軽く炒っておく。
2. チョコレートは刻んでボウルに入れ、湯煎で溶かす。
3. ボウルにバターを入れて練り、柔らかくなったらグラニュー糖を加えて、泡立て器で白っぽくなるまですり混ぜる。
4. 3に卵をほぐして少量ずつ加え、その都度混ぜてふんわりとした生地を作る。
5. 2に生クリームを加え1と一緒に4に混ぜる（硬くなったら少し温める）。さらにアーモンドパウダーを加えて混ぜ、薄力粉、ココアパウダーを合わせてふるっておいたものも加え、ゴムベラでさっくりと混ぜる。
6. 生地が混ざったら、型に流し入れて表面を平らにならす。型をトントンと軽く落として空気を抜く。
7. 160℃のオーブンに入れて約30分焼く。
8. 焼き上がったら粗熱を取り、型から出して網にのせて冷まし、表面の乾燥を防ぐためラップをふんわりかける。ラップで包み冷蔵庫で一晩以上寝かせると、しっとりどっしりとした濃厚なブラウニーになる。

サンタ村のいちご山タルト（P96）

材料（直径15cmケーキ型１台分）

【タルト生地】

<抹茶用>

無塩バター……50g
砂糖……20g
薄力粉……80g
卵黄……1/2個分
抹茶パウダー……20g

<ココア用>

無塩バター……50g
砂糖……20g
薄力粉……80g
卵黄……1/2個分
ココアパウダー……20g

【タルトに詰めるクリーム】

生クリーム……100cc
砂糖……小さじ1
ゆであずき（市販）……適量
いちご……適量

【ナパージュ】

粉ゼラチン……5g
水……50cc
砂糖……小さじ2
※水溶きジャムでも代用可

準備

・無塩バターを常温に戻しておく。
・ケーキ型にオーブンシートを敷く。
・いちごを洗い、水分を取る。
・生クリームに砂糖を入れて泡立てて冷やしておく。

作り方

【タルト生地を作る】

1. バターに砂糖を入れて混ぜ、白っぽくなるまで混ぜる。
2. 卵黄を加えてしっかり混ぜ、ココア用、抹茶用と２つのボウルに２等分する。
3. ココア用のボウルに薄力粉とココアパウダーをふるいながら入れてさっくりと混ぜる。
4. 抹茶用のボウルに薄力粉と抹茶パウダーをふるいながら入れてさっくりと混ぜる。
5. それぞれ冷蔵庫で30分以上休ませる。

【成形する】

6. 5をめん棒で4mm以下の厚さまで伸ばす。生地をオーブンシートで挟んで伸ばすとめん棒に生地がつかない。
7. ココア生地を2cm幅に長く切り、ケーキ型の下から側面に１周貼りつける。
8. 抹茶生地を3cm幅に長く切り、生地に対して斜めに包丁を入れ、縦に長い二等辺三角形をたくさん作り、ココア生地の上に並べていく（写真A）。
9. 抹茶生地を5cm幅に長く切り、8同様生地に対して斜めに包丁を入れ、縦に長い二等辺三角形をたくさん作り、8の三角の間からとんがりが見えるよう並べていく。側面の生地が２重になる。
10. 余ったココア生地を丸く抜き、底面に敷きフォークでポツポツと穴を開ける。

【焼成する】

11. 170℃に予熱しておいたオーブンで約25分、とんがりに焼き色がついてきたら焼き上がり。冷ましてから型から外し、冷蔵庫で冷やす。

【飾りつけ】

12. 側面、ココア生地と抹茶生地の境目にチョコペンでチョコレートをつけ（写真B左）、そこにアラザンを１周のせる（写真B右）。アラザンが固定するまで冷やす。
 ＊室温が低くチョコが固まりやすい時は10cmくらいずつチョコ→アラザンの作業をくり返すとよい。
13. ゆであずき→ホイップクリーム→いちご→ホイップクリーム→いちごの順で高く積む。

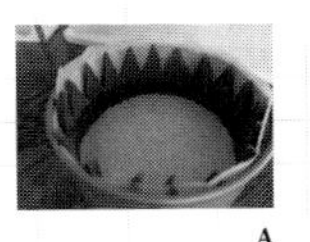

A

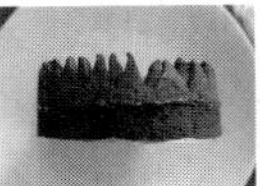

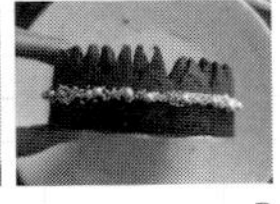

B

Point

いちごの隙間からホイップクリームを少し見せたり、いちごの断面が見えるとよりフレッシュに見える。高い位置のいくつかはへたをつけたままにするときれい。

【仕上げ】

・ナパージュ（右記参照）を塗り、いちごにつやを出す。

・ケーキ用の器に移し、サンタクッキー（P96参照）を飾り、粉糖（分量外）を茶こしでふりかける。

タルトのとんがり、サンタの帽子、床面の器にも粉糖をふると、雪が積もっているように見える。

ナパージュの作り方

1. 粉ゼラチンを大さじ2（分量外）の水でふやかしておく。
2. 鍋に水と砂糖を入れて沸騰させる。
3. 火を止め、鍋にふやかしたゼラチンを入れてよく混ぜ、粗熱を取る。

海苔細工のお手本画20

ママ達からリクエストの多い海苔細工。
「お手本画があれば嬉しい！」の声にお応えして、
レギュラー陣を集結させて、作り方を初公開！
お問い合わせの多い道具ですが、下記の
小さなはさみとピンセットさえあれば大丈夫！
おにぎりアートなど、子どもが喜ぶアレに大変身！

・ちゅーぼーず お弁当応援！ ハサミ＆ピンセット FG5188（貝印）
https://www.kai-group.com/store/products/detail/8358
・同シリーズの飾り切りナイフセット（P40 参照）

マスクマン　うさぎ親子

耳 ➡ 小さい俵おにぎりまたは楕円形海苔
目 ➡ 丸抜きスライスチーズ　黒ごま
口 ➡ 海苔または昆布

Point
親子おにぎりは寄り添うように顔を少し斜めに置き、目の位置も見つめ合うように中央に寄せる。

マスクマン　ぶた

耳 ➡ 小さい三角おにぎりまたは三角海苔
目 ➡ 丸抜きスライスチーズ　黒ごま
鼻 ➡ 丸抜きハム　黒ごま
口 ➡ 海苔または昆布

マスクマン　ぞう

耳 ➡ 小さい俵おにぎりまたは楕円形海苔
目 ➡ 丸抜きスライスチーズ　黒ごま
鼻 ➡ 細長い楕円おにぎりまたは鼻形海苔
口 ➡ 海苔または昆布

マスクマン　ねこ

耳 ➡ 小さい三角おにぎりまたは三角海苔

目 ➡ 丸抜き後、上がり目にカットした
スライスチーズ　黒ごま

鼻 ➡ 三角抜きハム　　**口** ➡ 海苔または昆布

風邪ひきぼく

髪 ➡ 海苔　　**目** ➡ 黒ごま

眉 ➡ 海苔または昆布　　**鼻** ➡ 白ごま

マスク ➡ スライスチーズ　海苔

ママとぼく

髪 ➡ 小さい丸おにぎりまたは海苔

目 ➡ 黒ごま　　**眉と口** ➡ 海苔または昆布

鼻 ➡ 白ごま

Point
親子おにぎりは寄り添うように顔を少し斜めに置き、目の位置も見つめ合うように中央に寄せる。優しい眉はハの字に。

パパとわたし

髪 ➡ 小さい丸おにぎりまたは海苔

目 ➡ 黒ごま　　**眉と口** ➡ 海苔または昆布

鼻 ➡ 白ごま

眼鏡 ➡ 丸抜きスライスチーズ　海苔

＊黒ぶち眼鏡にしたい時は、海苔でチーズより一回り大きな丸を作り、縁に海苔が見えるように中央にチーズをのせる。

ぱっつん姉妹

髪➡海苔
目➡黒ごま
眉と口➡海苔または昆布
鼻➡白ごま

Point
姉妹おにぎりはほっぺがつくように詰め、顔の位置も見つめ合うように中央に寄せる。

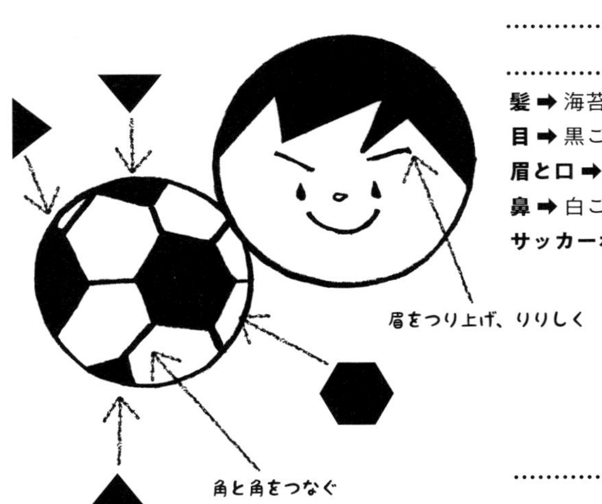

サッカー少年

髪➡海苔
目➡黒ごま
眉と口➡海苔または昆布
鼻➡白ごま
サッカーボールの柄➡海苔

・柄は６角形を１枚、大きさの違う三角形を３枚作り、角と角を１本の細い海苔でつなぐ。

バレリーナ

髪➡小さい丸おにぎりまたは海苔
目➡黒ごま
眉と口➡海苔または昆布
鼻➡白ごま

バレエシューズ

1. 海苔で楕円または草履形を２枚切り、その上にスライスチーズで一回り小さい楕円または草履形をのせる。
2. 楕円形のスライスチーズはタピオカ用の太いストローなどを指で楕円になるようつまみながら抜くとよい。
3. スライスチーズにクロスになるよう細い海苔を置く。
4. 細長い三角形長短を２枚ずつ作りリボンの形に配置、シューズ２個とリボンを細い海苔でつなぐ。

パンダ

耳 ➡ 小さい丸おにぎりまたは海苔

目 ➡ 海苔　丸抜きスライスチーズ　黒ごま

口 ➡ 海苔または昆布

鼻 ➡ 白ごま

Point
海苔で目より大きい楕円を作り、その上にスライスチーズの白目をのせる

野球ボール

ボールの柄 ➡ 海苔またはかにかまの赤い部分

Point
アーチを描くように長い線を２本置き、線を挟むように、線の左右に斜めに短い線を置く。

クワガタ

顔と**胴体**と**足**と**角** ➡ 海苔

目と口 ➡ 丸抜きスライスチーズ　黒ごま

1. 海苔で長方形を作り、お尻側は角を取り少し丸みを出す。
2. 1/2 に切り、さらにお尻側を縦半分に切り、隙間をあけておにぎりに貼る。
3. 角を２本と足を６本作る

セミ

顔と**胴体** ➡ 海苔

目 ➡ 丸抜きスライスチーズ　黒ごま

羽根 ➡ スライスチーズ　海苔

1. 海苔で長方形を作り、1/3 で切り離し顔と胴体の隙間を少し開けておにぎりに貼る。
2. 羽根はスライスチーズをハートまたは丸く抜き半分に切る。
3. 海苔で細長い直線を作り、羽の柄のように置く（逆向きのＹ字を３つ重ねるイメージ）。

直線９本で左右の羽毛の柄を作る

アリ

顔と**胴体**と**足**と**触覚** ➡ 海苔

目と口 ➡ スライスチーズ 黒ごま

鼻 ➡ 白ごま

1. 海苔で３つの丸を作る。
2. 白目は細いストローでスライスチーズを抜く。
3. 短い直線で海苔を切り、触覚、手足を作る。

電車

本体 ➡ 海苔

窓 ➡ スライスチーズ

1. 長短の直線海苔を作り、おにぎりを２つ並べ、長い線と短い線で線路を作る。
2. 海苔で本体の長方形、車輪を作る。
3. スライスチーズを長方形に切り海苔の直線を２本縦に貼り窓にする。
4. 短い直線４つでアンテナを作る。

てるてる坊主

口 ➡ 海苔または昆布

目 ➡ 黒ごま

鼻 ➡ 白ごま

雪だるま

口と**眉** ➡ 海苔または昆布

目と**ボタン** ➡ 黒ごま

鼻 ➡ 白ごま

・海苔を半分に折り、２枚重ねてゆるい３を描くように切る。開くと雪だるまの形に抜けている。

三角おにぎり

スライスチーズを三角に切り、海苔を正方形に切って貼り、黒ごまを置く。

Point
ごまの向きを揃えるとかわいらしくなる。

わたし

髪 ➡ 海苔　**目** ➡ 黒ごま

眉と**口** ➡ 海苔または昆布

鼻 と**ボタン** ➡ 白ごま

洋服 ➡ 海苔

襟 ➡ スライスチーズ

アイスボックスクッキーの断面図

2月、5月でご紹介したアイスボックスクッキーの断面図です。
子どもの描いた絵や作りたい形を子どもと一緒に、まずは棒状の図にしてみます。
作り方のポイントは、生地同士の間に空洞ができないよう意識しながら、
縦横押しつけながら棒状に整えます。

みんなで作るアイスボックスクッキー (P20)

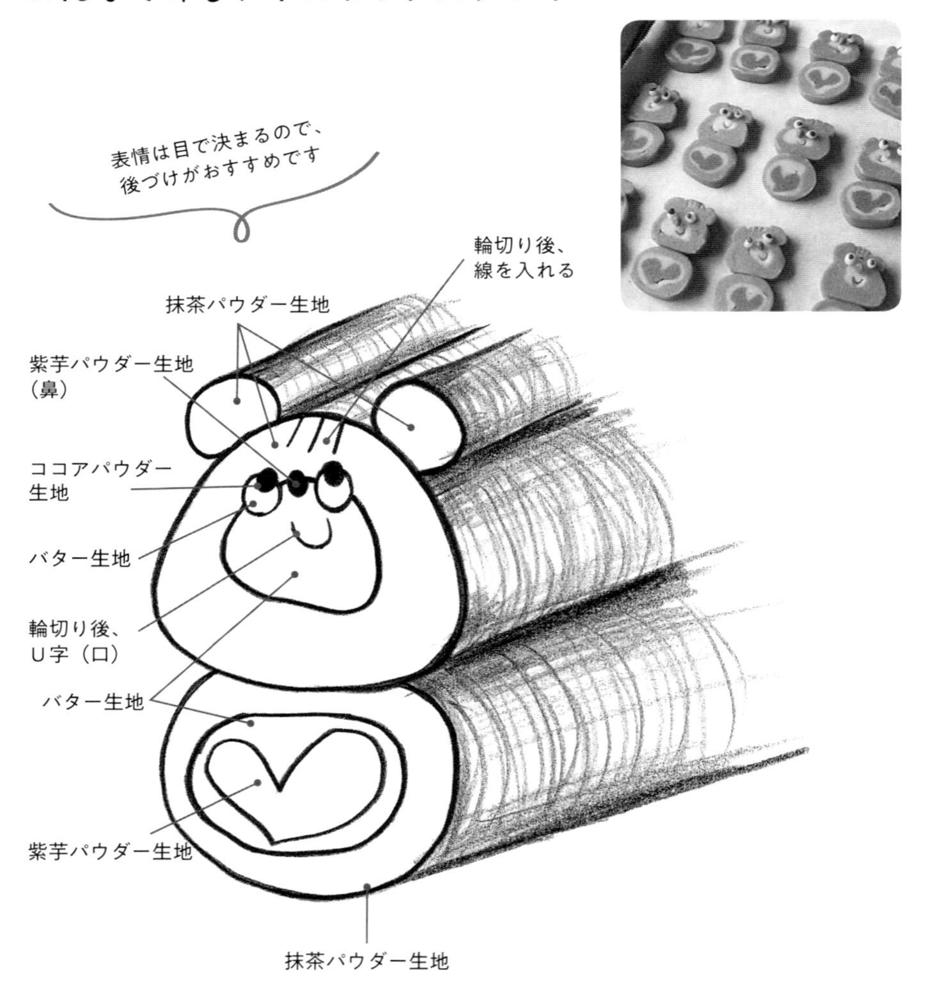

にこ画伯の切っても切っても鯉のぼりクッキー (P44)

結果、残念なお顔になりましたが、
楽しい思い出になりますよ♡

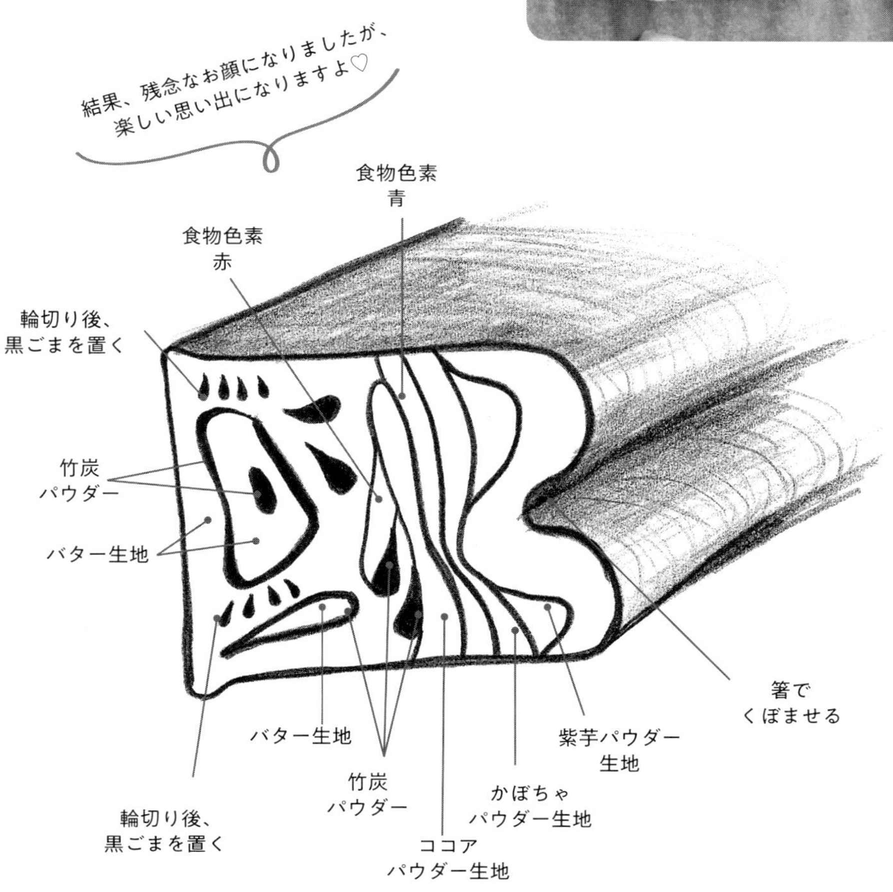

お顔の表情の作り方

しずく形の小さなごまは、向きや位置を変えるだけで、
たくさんの生き生きとした目の表情を作ることができます。
作りながら、ついつい自分も同じ表情になってしまいます（笑）。

Point

ひとつだったら正面を向かせカメラ目線。複数だったら、隣同士が話しかけているかのように黒目の位置をどちらかに寄せます。人間と一緒で小顔に見せるとかわいいです。

もちもちてるてる餃子（P48）のように大きなお顔でも、お顔をキュッと寄せてつけることで小顔に見えたり、節分の黄鬼うずら（P18）や桜餅（P25）のように、食材をお顔だけにするのではなく、全身に見立て、体まで作ることでよりかわいらしさが増します。

お顔の表情 16 変化

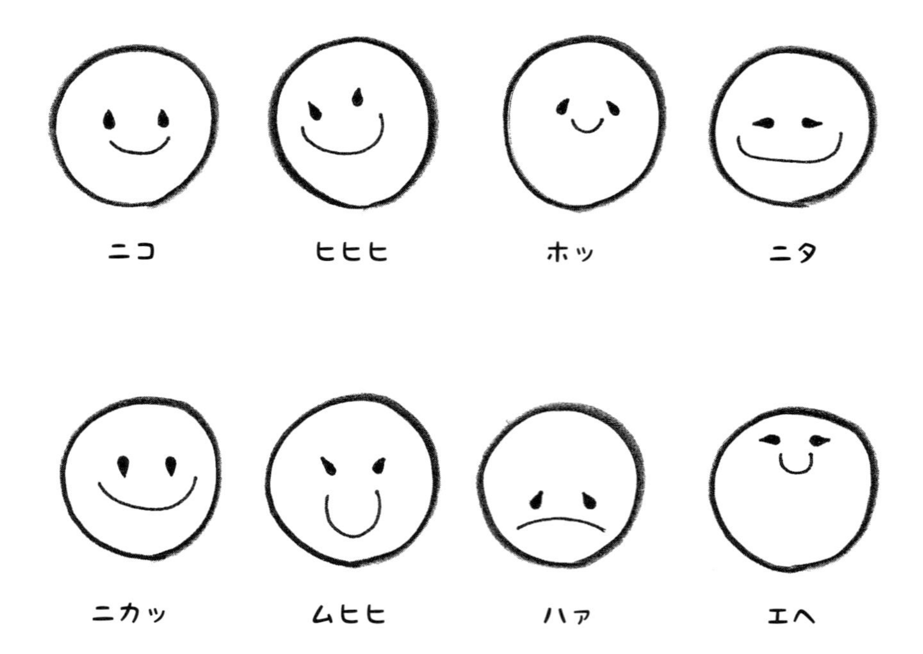

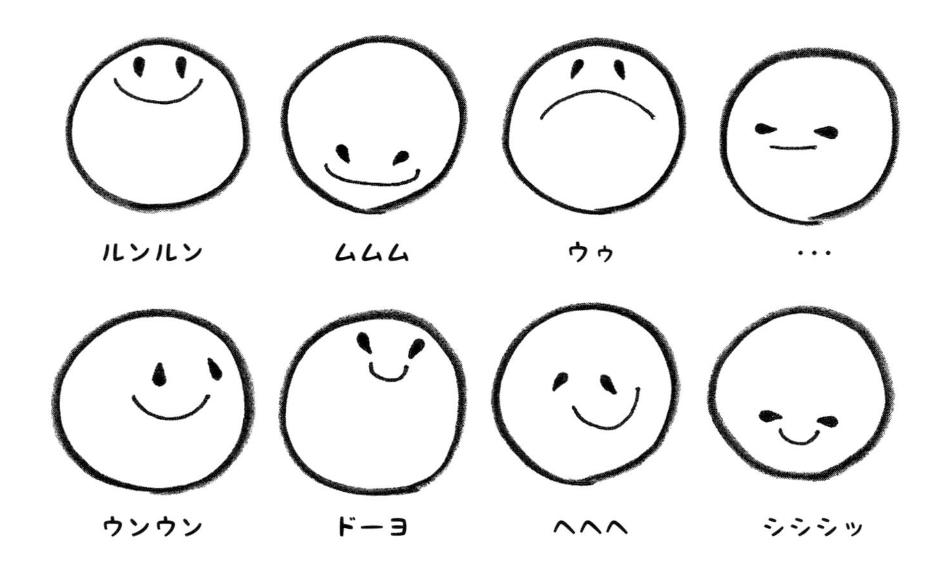

海苔の切り方のコツ

短いカーブ（口やまつ毛など）

使用する前に海苔を出しておくか、湯気などで少し湿らせてから切ると、途中破れにくいです。海苔の端を山形に切り落としてからアーチに沿って切ります。

長い直線

パリパリ海苔を使用。できるだけ密度の濃いものを使用すると途中破れにくいです。
はさみの刃元から刃先まで、思い切って一気に切ると細くまっすぐ切れます。

水分で縮むことを考えて、大きめ、長めに切ります。おにぎりに貼る時は、お米の表面の凹凸でうまく貼れないので、ラップを使ってお米がつぶれない程度に表面を整えると貼りやすいです。

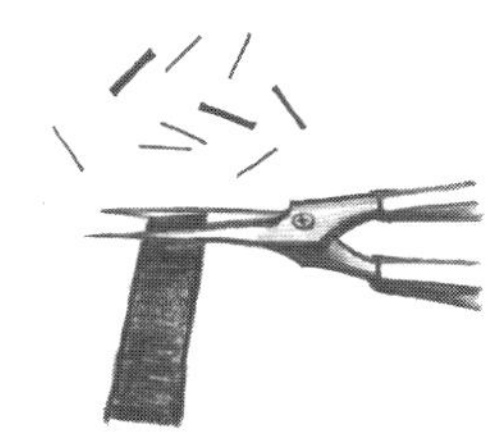

短い直線

パリパリ海苔を使用。作りたい幅に切ってから端から切ります。多めに切ってちょうどよい細さの物に使用しましょう。

行事の由来や意味

日本人なら大切にしていきたい行事と風習。
「どうしてやるの？　なぜ、これを食べるの？」
と聞かれてドキッとされたことがあるはずです。
由来や意味を知ることで子どもの心も育ちます。

1月

日	
1	**お正月** 今日はこんな日 1年の五穀豊穣と健康を願っていただける年神さまをお迎えする行事。 年神さまにお供えするおせち料理や鏡餅を用意してみんなでお祝いします。
2	
3	
4	
5	
6	
7	**人日（じんじつ）の節句** 今日はこんな日 1月7日は人日という中国由来の五節句の一つ。汁物を食べて無病息災を祈ったことから、お正月はごちそうを食べすぎて胃腸が疲れ気味。七草がゆを食べて体調を整えます。七草が邪気を払うと言われています。 【春の七草】せり、なずな、ごぎょう、はこべら、ほとけのざ、すずな、すずしろ
8	
9	
10	
11	
12	
13	
14	
15	
16	
17	
18	
19	
20	
21	
22	
23	
24	
25	
26	
27	
28	
29	
30	
31	

2月

日	
1	
2	
3	**節分** 今日はこんな日 ◆豆まき 冬から春になる季節の変わり目の頃、邪気(悪いもの＝鬼)を払い、幸せを招くために行われます。豆には不思議な力が宿っているのです。 「鬼は外、福は内」と言いながら豆まきをし、年の数だけ豆を食べると健康になると言われています。 ◆恵方巻き 節分の夜に食べる縁起物の太巻きずし。縁起がよい方角（恵方）を向き、願い事を思いながら1本丸ごと食べます。
4	
5	
6	
7	
8	
9	
10	
11	
12	
13	
14	
15	
16	
17	
18	
19	
20	
21	
22	
23	
24	
25	
26	
27	
28	
29	

3月

日	
1	
2	
3	**上巳（じょうし）の節句（雛祭り）** 今日はこんな日 五節句の一つ。桃の節句とも言います。女の子の成長や幸せを祝う行事。「健康で大きくなりますように」とお雛さま、菱餅、雛あられ、白酒を飾るのが習わしです。
4	
5	
6	
7	
8	
9	
10	
11	
12	
13	
14	
15	
16	
17	
18	
19	
20	
21	
22	
23	
24	
25	
26	
27	
28	
29	
30	
31	

※本書で取り上げた行事に限定しています。予定やメモにお使いください。

4月

日	
1	（春分の後、最初の満月の次の日曜日） **イースター** イースターはこんな日 イエス・キリストが生き返ったことを祝うお祭り。かわいくてきれいなイースター・エッグを作って遊ぶ習わしがあります。
2	
3	
4	
5	
6	
7	
8	
9	
10	
11	
12	
13	
14	
15	
16	
17	
18	
19	
20	
21	
22	
23	
24	
25	
26	
27	
28	
29	
30	

5月

日	
1	
2	
3	
4	
5	**端午の節句** 今日はこんな日 五節句の一つ。菖蒲の節句とも言います。男の子の成長や幸せを祝う行事。「健康で大きくなりますように」とかぶとや鯉のぼりを飾るのが習わしです。子どもの日として国民の休日になっています。 柏餅やちまきを食べる、厄よけにしょうぶ湯に入る習わしです。
6	
7	
8	
9	
10	
11	
12	
13	
14	
15	
16	
17	
18	
19	
20	
21	
22	
23	
24	
25	
26	
27	
28	
29	
30	
31	

6月

日	
1	
2	
3	
4	
5	
6	
7	
8	
9	
10	
11	
12	
13	
14	
15	
16	
17	
18	
19	
20	
21	
22	
23	
24	
25	
26	
27	
28	
29	
30	

行事の由来や意味

7月

日	
1	
2	
3	
4	
5	
6	
7	**七夕(しちせき)の節句（七夕(たなばた)）** 今日はこんな日 五節句の一つ。笹の節句とも言います。願い事を短冊に書き、笹につるすとお星さまがみんなの願いをかなえてくれるという習わし。昔は書道や裁縫の上達を願いました。結婚していた牛飼いの彦星と機織りの織姫。仕事もせずに遊び暮らしたお仕置きとして、神さまが天の川の両岸に２人を引き離した。それを不憫に思った神さまが１年に１回だけ会える日を作ったのが起源。
8	
9	
10	
11	
12	
13	
14	
15	
16	
17	
18	
19	
20	
21	
22	
23	
24	
25	
26	
27	
28	
29	
30	
31	

8月

日	
1	
2	
3	
4	
5	
6	
7	
8	
9	
10	
11	
12	
13	
14	
15	
16	
17	
18	
19	
20	
21	
22	
23	
24	
25	
26	
27	
28	
29	
30	
31	

9月

日	
1	
2	
3	
4	
5	
6	
7	
8	
9	**重陽(ちょうよう)の節句** 今日はこんな日 五節句の一つ。菊の節句とも言います。菊を飾ったり、菊酒を飲んだりして不老長寿を願う習わし。
10	
11	
12	
13	
14	
15	
16	
17	
18	（９月７日～10月８日のほぼ満月の頃） **十五夜** 十五夜はこんな日 １年で一番月が美しい日。中秋の名月とも言います。稲穂に見立ててすすきを飾り、お団子や里芋を飾る習わし。芋名月とも言う。
19	
20	
21	
22	
23	
24	
25	
26	
27	
28	
29	
30	

…ミニコラム…

五節句とは？

「節」は、昔の中国の暦法で定められた季節の変わり目のことです。
その季節の植物から生命力をもらい邪気を祓うというのが目的。
定められた日に宮中で邪気を祓う宴会が催されるようになり、
「節句」と言われるようになりました。

10月

日	
1	
2	
3	
4	
5	
6	
7	
8	
9	
10	
11	
12	
13	
14	
15	
16	
17	
18	
19	
20	
21	
22	
23	
24	
25	
26	
27	
28	
29	
30	
31	

ハロウィン

今日はこんな日

外国では死者の霊がおうちに帰ってくるとされる日。その時に悪魔もついてくるということから、身の安全を守るために、子ども達が魔女やおばけに扮装します。「お菓子をくれないといたずらするよ」と言って家々を訪ね歩く楽しい遊び。
日本はなぜか仮装パーティーですね。魔よけのちょうちん、かぼちゃで作るジャック・オー・ランタンはおなじみです。

11月

日	
1	
2	
3	
4	
5	
6	
7	
8	
9	
10	
11	
12	
13	
14	
15	
16	
17	
18	
19	
20	
21	
22	
23	
24	
25	
26	
27	
28	
29	
30	

12月

日	
1	
2	
3	
4	
5	
6	
7	
8	
9	
10	
11	
12	
13	
14	
15	
16	
17	
18	
19	
20	
21	
22	
23	
24	
25	
26	
27	
28	
29	
30	
31	

冬至（12月22日頃）

今日はこんな日

二十四節気の一つ。昼が一番短く、夜が一番長い日。かぼちゃを食べる習慣があるのは、栄養満点で風邪もひきにくいとされるから。ゆず湯に入って体を温めるのも先人の知恵です。

クリスマス

今日はこんな日

本来はイエス・キリストの誕生日をみんなでお祝いする日。なぜか、サンタクロースがプレゼントを持ってきてくれる日となっています。ツリーを飾り、イルミネーションを楽しみながらお祝いしましょう。モミの木は冬でも葉が落ちないため、永遠の命の象徴とも。

二十四節気一覧

節気とは太陽の動きを基に季節を表したもの。
その昔から、種まきや収穫時期を知る季節の目安日とされてきました。
真東からのぼって真西に沈む“春分”を起点に1年を24等分に分け、
「二十四節気(にじゅうしせっき)」が作られました。
さらに3つに分けた5日ごとの期間が「七十二候(しちじゅうにこう)」です。
手紙など時候のあいさつにぜひお役立てください。

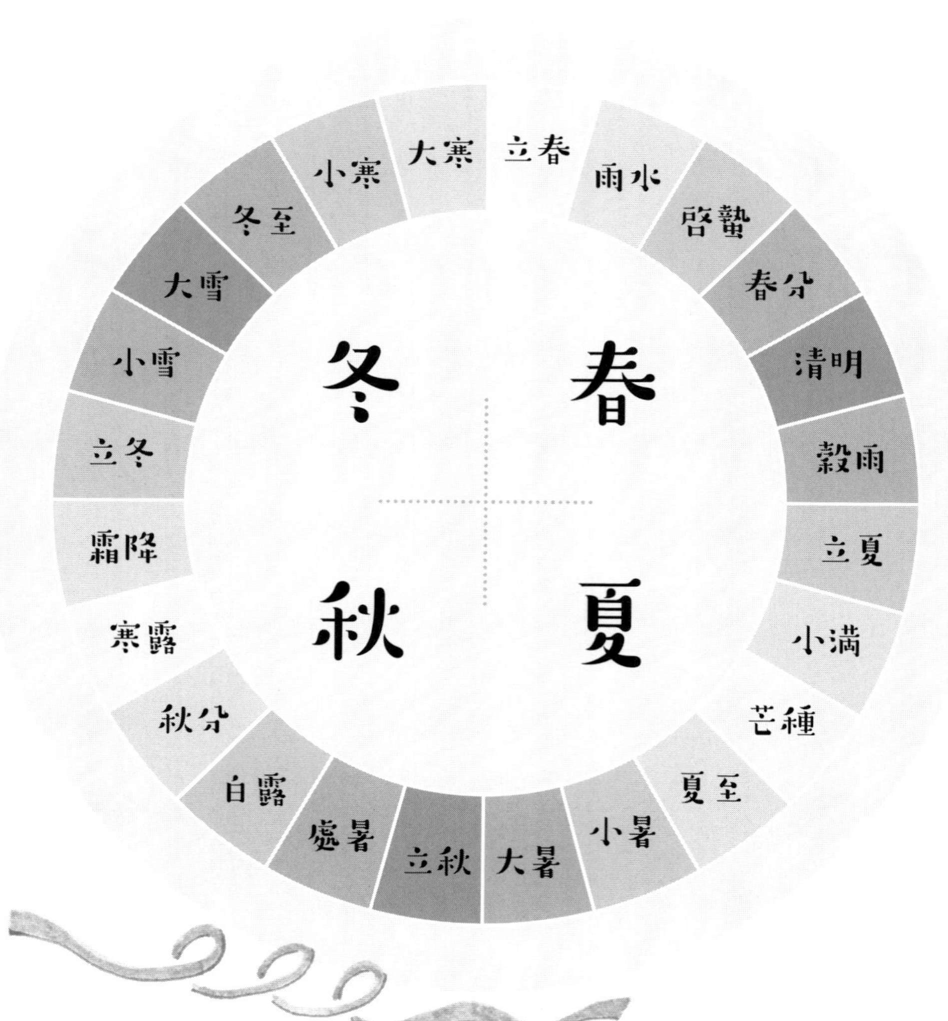

	季語	この頃	名称	名称の読み	意味
1月	晩冬	1月5日頃	小寒	しょうかん	寒の入り。寒さが一段と厳しくなる
		1月20日頃	大寒	だいかん	一年で一番寒さが身に染みる頃
2月	初春	2月4日頃	立春	りっしゅん	春の気配が感じられる頃
		2月19日頃	雨水	うすい	雪に変わって雨が降るようになる
3月	仲春	3月6日頃	啓蟄	けいちつ	そろそろ虫が地上にはい出てくる
		3月20日頃	春分	しゅんぶん	昼と夜の長さがほぼ同じ。春のお彼岸
4月	晩春	4月5日頃	清明	せいめい	桜などが咲き始め、明るくて清らかな頃
		4月20日頃	穀雨	こくう	穀物をうるおす春の温かい雨(菜種梅雨)が降る
5月	初夏	5月6日頃	立夏	りっか	夏の気配が感じられる頃
		5月21日頃	小満	しょうまん	草木が次第に成長して育つ
6月	仲夏	6月6日頃	芒種	ぼうしゅ	田植えを始める頃で梅雨入りが近い
		6月21日頃	夏至	げし	一年で一番昼が長く、夜が短い日
7月	晩夏	7月7日頃	小暑	しょうしょ	梅雨が明け、本格的な暑さが始まる
		7月23日頃	大暑	たいしょ	一年で一番暑さが厳しい頃
8月	初秋	8月8日頃	立秋	りっしゅう	秋の気配を感じる頃で暦の上では秋
		8月23日頃	處暑	しょしょ	暑さが峠を越えたように感じる頃。処暑
9月	仲秋	9月8日頃	白露	はくろ	草木に降りた露が白く光って見える
		9月23日頃	秋分	しゅうぶん	昼と夜の長さがほぼ同じ。秋のお彼岸
10月	晩秋	10月8日頃	寒露	かんろ	朝露が冷たく感じる晩秋の頃
		10月23日頃	霜降	そうこう	霜となって降り始める
11月	初冬	11月7日頃	立冬	りっとう	冬の気配が感じられる頃
		11月22日頃	小雪	しょうせつ	ちらちらと少しの雪が降り始める
12月	仲冬	12月7日頃	大雪	たいせつ	雪の降る日が多くなり、冬の到来
		12月22日頃	冬至	とうじ	一年で一番昼が短く、夜が長い日

旬の食材一覧

自然の流れに沿ったものを食べて生活することは、薬膳の基本にもつながります。
旬の食材には、その時期に起こりやすいトラブルを解消し、体のバランスも整え、
未病も防いでくれるのです。　夏なら体を冷やし、冬なら温めるといったように。
最盛期を迎え、おいしさも格別ですし、栄養価も高くなります。
おおまかな旬を覚えておいて、毎日の健康にお役立てください。

＊地域、天候により変動する場合があります。あくまでも目安です。

1月	魚介	ぶり、まながつお、あまだい、ひらめ、さけ、たら、わかさぎ、いか、かき
	野菜	ほうれんそう、小松菜、大根、にんじん、れんこん、山芋、芽キャベツ、菜の花
	果物	オレンジ、はっさく、キウイ、きんかん
2月	魚介	あんこう、しらうお、さより、いとより、いわし、かに、たこ、帆立貝
	野菜	京菜、春菊、小松菜、大根、わけぎ、カリフラワー、ブロッコリー、かぶ、わさび
	果物	はっさく、キウイ、いよかん
3月	魚介	わかさぎ、さわら、さより、こはだ、にしん、さざえ、はまぐり
	野菜	うど、からし菜、小松菜、春菊、あさつき、かぶ、レタス
	果物	はっさく、いよかん、さんぽうかん
4月	魚介	たい、あいなめ、さば、たちうお、さより、めばる、にしん、とびうお
	野菜	さやえんどう、たけのこ、みつば、新じゃが芋、新ごぼう、わらび、ぜんまい、木の芽、山うど
	果物	はっさく、いよかん、夏みかん、いちご
5月	魚介	たい、はも、かます、たちうお、いさき、きす、かわはぎ、かつお、たこ
	野菜	えんどう、新キャベツ、新玉ねぎ、アスパラガス、ふき、にら、たけのこ
	果物	夏みかん、いちご、木いちご

6月	魚介	はまち、あなご、かます、たちうお、すずき、はも、あゆ、あいなめ、したびらめ
	野菜	じゃが芋、玉ねぎ、そら豆、ししとう、青じそ、さやいんげん
	果物	梅、びわ、いちご、夏みかん、さくらんぼ
7月	魚介	はも、たちうお、しまあじ、かます、すずき、うなぎ、あゆ、いわな
	野菜	きゅうり、トマト、なす、ピーマン、かぼちゃ、ししとう、オクラ、とうもろこし、みょうが、モロヘイヤ、枝豆
	果物	桃、プラム、スイカ、さくらんぼ
8月	魚介	いわし、あなご、すずき、くろだい、はも、あわび
	野菜	きゅうり、トマト、なす、ピーマン、かぼちゃ、ししとう、オクラ、とうもろこし、にがうり、枝豆、いんげん、とうがん、白うり
	果物	スイカ、なし、ぶどう
9月	魚介	いわし、さんま、あじ、さば、もんごういか
	野菜	かぼちゃ、里芋、とうがん、新しょうが、なす、ずいき
	果物	ぶどう、なし、ざくろ、早生りんご、いちじく、栗
10月	魚介	さわら、さば、いわし、さんま、はぜ、あまだい
	野菜	白菜、大根、にんじん、里芋、さつま芋、落花生、きのこ
	果物	りんご、柿、栗、なし、ぶどう
11月	魚介	かれい、さわら、かわはぎ、こち、さんま、さけ、かます
	野菜	白菜、ごぼう、かぶ、春菊、ほうれんそう、長ねぎ
	果物	りんご、柿、栗、なし、みかん
12月	魚介	たら、ぶり、あんこう、さわら、かき、ふぐ
	野菜	白菜、大根、かぶ、長ねぎ、れんこん、山芋、やつがしら、ほうれんそう
	果物	りんご、みかん、柿、レモン

年齢早見表　西暦 2020 年・令和 2 年版

西暦	元号	年齢
1920 年	大正 9 年	100 歳
1921 年	大正 10 年	99 歳
1922 年	大正 11 年	98 歳
1923 年	大正 12 年	97 歳
1924 年	大正 13 年	96 歳
1925 年	大正 14 年	95 歳
1926 年	大正 15 年	94 歳
1927 年	昭和 2 年	93 歳
1928 年	昭和 3 年	92 歳
1929 年	昭和 4 年	91 歳
1930 年	昭和 5 年	90 歳
1931 年	昭和 6 年	89 歳
1932 年	昭和 7 年	88 歳
1933 年	昭和 8 年	87 歳
1934 年	昭和 9 年	86 歳
1935 年	昭和 10 年	85 歳
1936 年	昭和 11 年	84 歳
1937 年	昭和 12 年	83 歳
1938 年	昭和 13 年	82 歳
1939 年	昭和 14 年	81 歳
1940 年	昭和 15 年	80 歳
1941 年	昭和 16 年	79 歳
1942 年	昭和 17 年	78 歳
1943 年	昭和 18 年	77 歳
1944 年	昭和 19 年	76 歳
1945 年	昭和 20 年	75 歳
1946 年	昭和 21 年	74 歳
1947 年	昭和 22 年	73 歳
1948 年	昭和 23 年	72 歳
1949 年	昭和 24 年	71 歳
1950 年	昭和 25 年	70 歳
1951 年	昭和 26 年	69 歳
1952 年	昭和 27 年	68 歳
1953 年	昭和 28 年	67 歳
1954 年	昭和 29 年	66 歳
1955 年	昭和 30 年	65 歳
1956 年	昭和 31 年	64 歳
1957 年	昭和 32 年	63 歳
1958 年	昭和 33 年	62 歳
1959 年	昭和 34 年	61 歳
1960 年	昭和 35 年	60 歳
1961 年	昭和 36 年	59 歳
1962 年	昭和 37 年	58 歳
1963 年	昭和 38 年	57 歳
1964 年	昭和 39 年	56 歳
1965 年	昭和 40 年	55 歳
1966 年	昭和 41 年	54 歳
1967 年	昭和 42 年	53 歳
1968 年	昭和 43 年	52 歳
1969 年	昭和 44 年	51 歳
1970 年	昭和 45 年	50 歳
1971 年	昭和 46 年	49 歳
1972 年	昭和 47 年	48 歳
1973 年	昭和 48 年	47 歳
1974 年	昭和 49 年	46 歳
1975 年	昭和 50 年	45 歳
1976 年	昭和 51 年	44 歳
1977 年	昭和 52 年	43 歳
1978 年	昭和 53 年	42 歳
1979 年	昭和 54 年	41 歳
1980 年	昭和 55 年	40 歳
1981 年	昭和 56 年	39 歳
1982 年	昭和 57 年	38 歳
1983 年	昭和 58 年	37 歳
1984 年	昭和 59 年	36 歳
1985 年	昭和 60 年	35 歳
1986 年	昭和 61 年	34 歳
1987 年	昭和 62 年	33 歳
1988 年	昭和 63 年	32 歳
1989 年	昭和 64 年 / 平成元年	31 歳
1990 年	平成 2 年	30 歳
1991 年	平成 3 年	29 歳
1992 年	平成 4 年	28 歳
1993 年	平成 5 年	27 歳
1994 年	平成 6 年	26 歳
1995 年	平成 7 年	25 歳
1996 年	平成 8 年	24 歳
1997 年	平成 9 年	23 歳
1998 年	平成 10 年	22 歳
1999 年	平成 11 年	21 歳
2000 年	平成 12 年	20 歳
2001 年	平成 13 年	19 歳
2002 年	平成 14 年	18 歳
2003 年	平成 15 年	17 歳
2004 年	平成 16 年	16 歳
2005 年	平成 17 年	15 歳
2006 年	平成 18 年	14 歳
2007 年	平成 19 年	13 歳
2008 年	平成 20 年	12 歳
2009 年	平成 21 年	11 歳
2010 年	平成 22 年	10 歳
2011 年	平成 23 年	9 歳
2012 年	平成 24 年	8 歳
2013 年	平成 25 年	7 歳
2014 年	平成 26 年	6 歳
2015 年	平成 27 年	5 歳
2016 年	平成 28 年	4 歳
2017 年	平成 29 年	3 歳
2018 年	平成 30 年	2 歳
2019 年	平成 31 年 / 令和元年	1 歳

長寿のお祝い

年齢	名称
61歳	還暦（かんれき）
61歳	華甲（かこう）
70歳	古希（こき）
77歳	喜寿（きじゅ）
80歳	傘寿（さんじゅ）
81歳	半寿（はんじゅ）
88歳	米寿（べいじゅ）
90歳	卒寿（そつじゅ）
99歳	白寿（はくじゅ）
100歳	百寿（ももじゅ）

還暦と華甲は満60歳　数え年の表記

出産・子どものお祝い

帯祝い	妊娠5ヵ月目の戌の日
お七夜	生後7日目
お宮参り	生誕約1ヵ月目
お食い初め	生後100日から120日の間、初めての食事を祝う日
初節句	初めて迎える節句（男の子5月5日、女の子3月3日）
初誕生	赤ちゃんの満1歳をお祝いする日
七五三（3、5、7歳）	男の子3歳と5歳、女の子3歳と7歳の成長を感謝する日
十三参り	数えで13歳の男女が虚空蔵菩薩にお参りする日
入学・入園	入学・入園を記念してお祝いする日
成人式	20歳を迎えた年の1月の第2月曜、一人前として扱われる日

結婚記念日

年数	名称
01年	紙婚式
02年	藁(わら)婚式
03年	革婚式
04年	花婚式
05年	木婚式
06年	鉄婚式
07年	銅婚式
08年	ゴム婚式
09年	陶器婚式
10年	錫(すず)婚式、アルミ婚式
11年	鋼鉄婚式
12年	絹婚式、亜麻(あま)婚式
13年	レース婚式

年数	名称
14年	象牙婚式
15年	水晶婚式
20年	磁器婚式
25年	銀婚式
30年	真珠婚式
35年	珊瑚婚式
40年	ルビー婚式
45年	サファイア婚式
50年	金婚式
55年	エメラルド婚式
60年	ダイヤモンド婚式

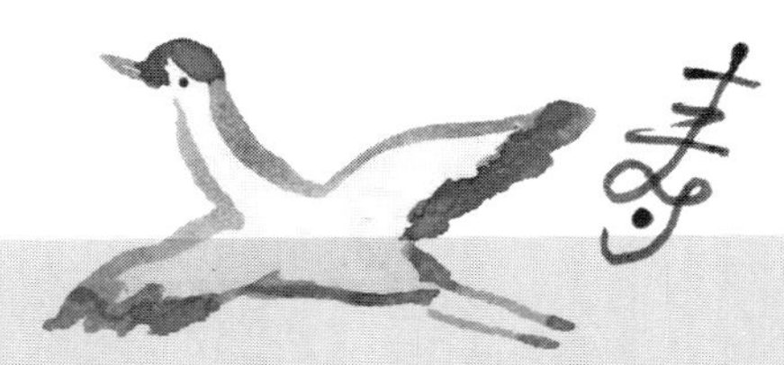

Epilogue
おわりに

子育てに行き詰まるたびに、お料理ではなく、もっと子どもとの時間にしてあげたほうがいいんじゃないか。インスタグラムをやめて、家族のために時間を使ったほうがいいんじゃないかと何度も思いました。

ですが、そのたびに応援してくれる家族、友人、職場の方、フォロワーの方々、こんな私を見つけてくださった出版社の方へ心より感謝申し上げます。

えこ、とこ、にこが大人になり、乗り越えられそうもない大きな壁にぶつかった時に、

一緒に作り上げたこの本をぎゅっと胸に抱き、「あん時のママのドタバタぶりも半端なかったよねー」なんて

笑い飛ばし、行き詰まった心に風を通してくれたらいいなと思っています。

えとにママ

Name

・　・　・　生　型

Family

・　・　・　生　型

・　・　・　生　型

・　・　・　生　型

・　・　・　生　型

・　・　・　生　型

Address

Tel

Fax

Mobile

E-mail

Office

Address

Tel

Fax

Memo

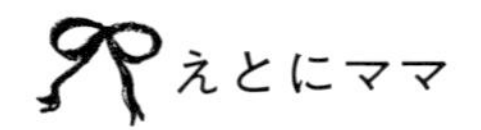

栃木県足利市出身。現在は夫、3人の娘、義父と東京の夫の実家で暮らす。大学卒業後、一般企業に就職、結婚後3姉妹（長女 えこ／次女 とこ／ 三女 にこ）を出産。 会社の同僚にインスタグラムを勧められ、子ども達への日々のごはんを投稿。三女が3歳になる前に、時短勤務の終了時期を見据え、仕事をしながら独学にて保育士資格を取得。退職後は保育士として勤務中。インスタグラムのフォロワー数、8万人超え（2019年9月現在）。食材を使った3Dアートで海外のフォロワーも多い一方、いつものごはん、季節の食材を使った普通のごはんにひと手間加えて作った、クスッと笑える一皿は、「かわいいのにおいしそう」「ほっこりする」「癒される」との声が多く、幅広い年齢層から支持されている。
インスタグラムアカウント　@ etn.co_mam

参考文献

『大切にしたい、にっぽんの暮らし。』さとうひろみ（サンクチュアリ出版）
『保育に生かせる！　年中行事・園行事 ことばかけの本』横山洋子・中島千恵子（学研プラス）

STAFF

撮影／えとにママ
プロフィール写真撮影／齋藤　浩（講談社写真部）
イラスト／えこ（長女）
デザイン／渡邊民人、清水真理子（TYPEFACE）
校閲／戎谷真知子

家族と楽しむ季節のイベント
子どもに伝えたい歳時記ごはん

2019年12月17日　第1刷発行

著　者　えとにママ
発行者　渡瀬昌彦
発行所　株式会社　講談社
〒112-8001 東京都文京区音羽2-12-21
販売　Tel.03-5395-3606　　業務　Tel.03-5395-3615

編　集　株式会社　講談社エディトリアル
代表　堺　公江
〒112-0013 東京都文京区音羽1-17-18 護国寺SIAビル
編集部　Tel.03-5319-2171

印刷所　凸版印刷株式会社
製本所　大口製本印刷株式会社

ISBN978-4-06-518111-9　N.D.C.596　127p　21cm